SUN & MOON 미술치료 7단계

미술치료 7단계

7

조 경 호 지음

SUN & MOON

Sun and Moon 미술치료 7단계

발행일 2012년 5월 30일 1쇄 발행

지은이 조경호
발행인 강학경
발행처 (주)시그마프레스
편집 이상화
교정 · 교열 류미숙
등록번호 제10－2642호
주소 서울시 영등포구 양평로 22길 21 선유도코오롱디지털타워
A401～403호
전자우편 sigma@spress.co.kr
홈페이지 http://www.sigmapress.co.kr
전화 (02)323－4845, (02)2062－5184～8
팩스 (02)323－4197
ISBN 978-89-5832-285-6

* 책값은 책 뒤표지에 있습니다.

Sun and Moon 미술치료 7단계

Sun and Moon(음양)=면역력
표현=내 마음 그리기

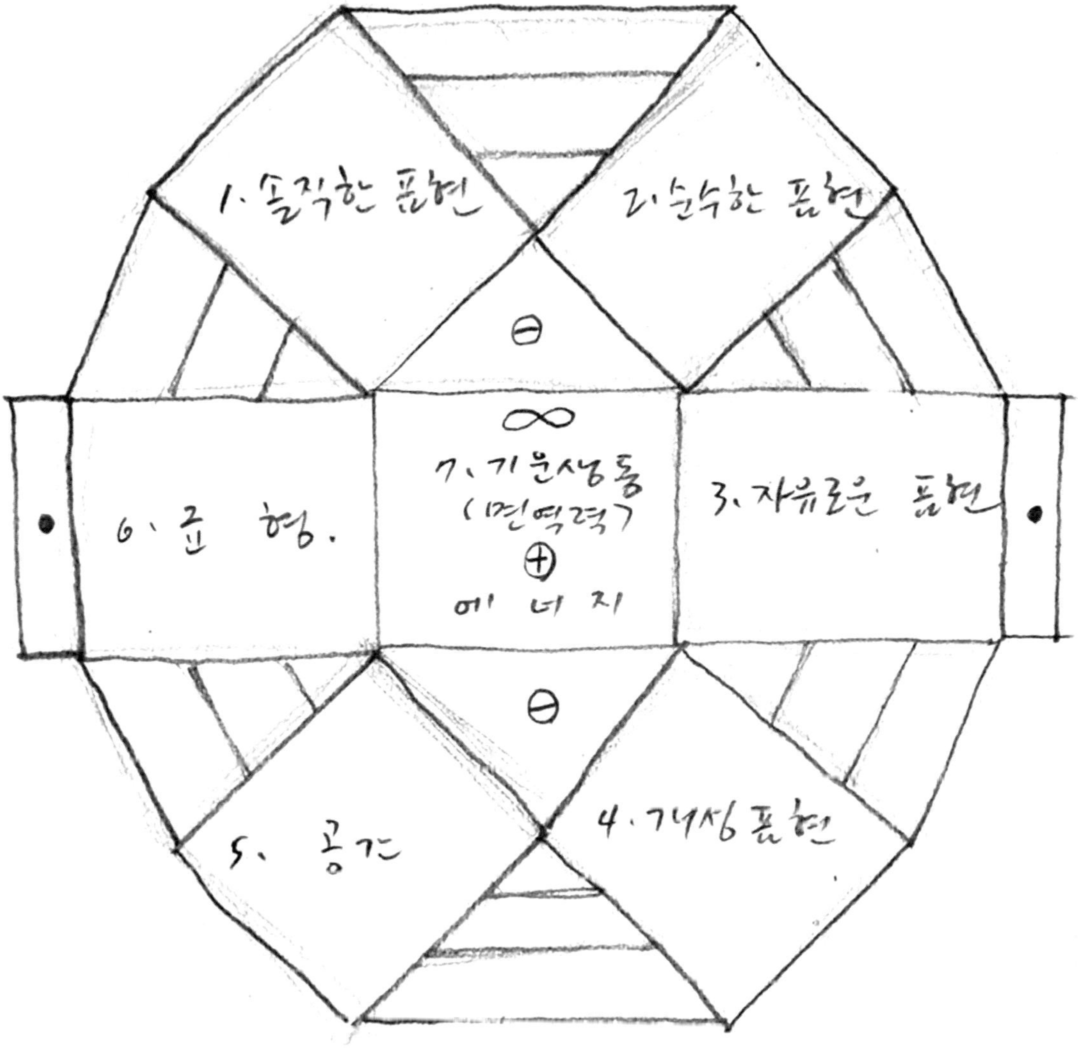

| 차 례 |

제1장
미술치료 개관

제2장
형태와 색

제3장
1단계 : 솔직한 표현

제4장

2단계 : 순수한 표현
3단계 : 자유로운 표현

제5장

심화 과정

치료는 남을 돕는 마음(氣運生動)

우리에게 치료, 즉 남을 돕는 마음의 역사는 오천 년에 이른다. 정확한 고대의 역사와 그 배경을 가늠하기란 쉽지 않지만 분명히 동방신국(東方神國)이요 신인(神人)의 특성이 강한 민족이었음을 고대 벽화나 오늘날 우리의 자질로서 충분히 짐작할 수 있다.

현대 의학의 화두라 할 만한 면연력을 고대인들은 훤히 꿰뚫어서 현대인들보다 훨씬 건강미 넘치는 동안이 아니었을까? 집중력이 강하고 활을 잘 쏜 것은 무슨 연유이며, 음색이 남달라 심금을 울리는 노랫가락과 신기(神氣)에 가까운 춤사위가 오늘날 고스란히 남아 있음은 무슨 이유일까? 감정의 폭이 넓고 깊어 그 폭발력의 우수성을 김연아의 예술 표현에서 발견하게 됨을 쉽게 보아넘길 일이 아니다.

예술은 면역력으로 가는 길이며, 의학은 면역력에서 탄생한다. 우리 민족은 이미 의학과 예술의 대가였던 건 아닐까? 우리 자신의 정체성에 대한 과학적 탐구와 경험적 모색이 시급하다. 이런 의미에서 선진화되어 있던 고대의 비밀을 파헤쳐 밝혀내는 것은 현명한 일이다.

면역력에 따른 총체적 건강 관리는 선진국의 필수 조건이다. 늙기 싫어하고 아름답기를 바라며 병들지 않고 오래 살고자 하는 욕구는 선진 국민일수록 강하다. 면역력은 새로운 수출 품목임이 분명하다.

미술치료는 상처로 인한 마음의 병이 시발점을 정확히 찾아 타래를 풀듯 그림으로 풀어 나간다. 마음이 가장 잘 표현될 수 있는 방법으로 감정을 쏟아내야만 면역력이 회복된다. 또한 치료 후에도 면역력을 계속 활성화시킬 수 있는 그리기 방법으로 심신을 강화하는 것이 중요하다. 이를 미술치료의 핵심이자 근간으로 삼기를 후학들에게 부탁드린다.

그림에 눈을 뜨게 하신 일랑 이종상 선생님, 산동 오태학 선생님과 치료의 길을 열어 주신 장성철 선생님께 깊이 감사드리며, 어설픈 앎이지만 이 책이 나와 같은 길을 걷는 후학들에게 도움이 되길 바라는 마음이다.

Sun and Moon

Art Doctor

제1장 미술치료 개관

동서 미술치료의 비교
Sun and Moon 미술치료 7단계
면역력(형태) – 에너지(빛)
드로잉 체조(치료)
강력한 치료사
솔직한 치료사
영성 치료사 – 치료의 특급비밀

Blue mountain

청춘

동서 미술치료의 비교

자연

자연은 숲 · 강 · 하늘 · 땅 · 불만을 자연이라고 하지 않는다. 동양에서의 자연의 개념은 삼라만상을 펼쳐내는 궁극적 실체를 말한다. 서양은 물질과 정신을 분석하고 사고하며 접근하였으므로 자연의 실체와는 상당한 간격 속에서 파악하였다. 자연의 구조를 파헤쳤을지언정 그것과 하나가 되는 것은 불가능하였다고 볼 수 있다. 그러나 동양은 자연에 대한 체험적 과정이 서양의 집요함 그 이상으로 몰입하여 들어가 일반대중은 상상으로 가늠할 수 없을 정도로 자연과 하나 되어 그것에 대해 이야기할 수 있었다. 모든 살아 있는 것을 살아갈 수 있게끔 하는 자연의 실체는 치료의 근원이다. 치료의 근원지를 알지 않고는 생 · 노 · 병 · 사에 대한 깊은 통찰력이 불가능해진다.

미술치료의 탄생

미술치료란 말의 탄생이 서양에서 시작되었을 뿐이지 우리는 이미 미술치료, 음악치료, 운동치료, 음식치료까지 그것을 생활화한 역사는 오천 년 속에서 펼쳐져 왔다. 왜냐하면 우리의 조상은 자연의 근본에 다다랐기에 그림, 춤, 소리, 음식을 통해서 어찌해야 인간에게 이로움을 줄 수 있는지 알고 실천할 수 있었다.

산이란 지형상 기가 응집하여 강하게 발산되는 곳이다. 사람들은 절경을 감상하고 운동을 위해 산을 찾기도 하지만 사실은 많은 양의 기를 받아 재충전할 수 있기 때문에 산을 찾는다. 생명력이 가득한 산을 그리고 감상함으로써 시각을 통한 심신

회복의 기능을 산수화는 하였다고 본다.

우리 민족에게 춤은 神과 합일될 수 있는 중요한 행위였다. 춤을 출 때 생각은 멈추며 감정이 살아난다. 마음이 열린 가운데 몸과 마음이 극적인 동(動)의 상태에 다다르면 정(靜)의 상태에 이르는데, 정이란 인간에 내재한 神(영성)을 말한다. 극과 극은 통한다는 말이 그것을 뜻한다. 무속이 그러한 원리이며 신라 화랑 또한 춤이 중요한 학습과정 중 하나였다. 춤을 통하여 생동감의 극치인 영성과 만나기 위함이었다. 영성이 살아나면 멋스러움(매력)이 뿜어 나오고 젊음의 절정을 이룬다. 곧 이곳이 치료의 세계이며 자유로운 창조의 세계다. 중국의 『위지』〈동이전〉에는 우리의 고대국가를 관찰한 기록에서 "언제나 10월 절에는 천신에게 제사했는데 밤낮을

헤아리지 아니하고 술 마시며 노래하고 춤을 추니 그 이름을 무천(舞天)이라 하였다." 밤낮을 헤아리지 아니하였다니 대단한 술꾼, 춤꾼, 소리꾼들이 탄생함은 당연한 결과일 것이다. 오늘날의 우리가 누구인지 그 정체성이 가늠된다.

우리는 춤을 출 때 덩실덩실 춘다고 표현한다. 덩실덩실이란 말 속에는 어깨가 출렁이는 형상이 떠오르게 되는데, 우리의 춤사위가 어깨를 중심으로 펼쳐지기 때문에 머릿속에 각인되었다고 본다. 고관절(골반)과 더불어 어깨는 몸의 에너지가 상하유통되는 중요한 부분이다. 특히 어깨는 50세가 넘으면서 굳어지기(오십견) 시작하는데 이로 말미암아 노화는 빠르게 속도가 진행된다. 노화뿐 아니라 각종 질병도 유발되는데 그 이유는 간단하다. 원활한 에너지 소통이 불가능하기 때문이다. 이때의 치료방법은 굳어진 몸을 계속 움직여 풀어 주면 된다. 따라서 춤은 노화, 질병의 예방 또는 치료의 수단이 될 수 있다. 춤은 어느 누군가 추기 시작하여 그 형태가 전파됐으며 어깨를 중심으로 흘러가는 우리의 춤은 서민들의 건강에 중요한 역할을 하였고, 부드럽고 아름다운 곡선의 원형태를 표현하였기에 편안하고 자연스럽다. 에너지 흐름의 가장 중요한 부분인 고관절을 중심으로 펼쳐졌다면 건강에 더욱 바람직할 것이나 모양이 점잖지 못하였기 때문에 시작되지 않았을 것이다.

우리의 소리는 배에서 울려 퍼진다. 서양의 성악 또한 마찬가지이지만 다른 면이 있다. 서양은 밖으로 내지르는 소리가 강한 반면 우리의 소리는 깊게 안으로 휘몰아쳐 들어가는 소리가 강하다. 소리가 내 안으로 굽이칠 때 나의 본원적 에너지(원기)는 깨어날 뿐 아니라 축적된다. 밖으로 소리 지르고 울고 밖에 것과 싸우고 헐뜯으면 나의 에너지는 새어나가 고갈된다. 그래서 소리가 나를 향하게 하는 것은 나의 건강, 수명과 직결된다. 듣기에도 지루한 궁중음악은 나라님의 권위와 풍모를 돋보이게 한 배경음악일 수도 있지만 마음을 차분히 가라앉힐 수 있는 심리적 안정 효과가 매우 높다. 정사에 몰두하기에 적절한 안정과 평화의 소리다.

김치, 된장, 청국장, 비빔밥, 삼계탕 등 우리의 음식은 음식이라기보다 약이라고

해야 할 것이다. 개인적으로 가장 신비해 보이는 것이 우리 음식의 탄생과 한약의 제조과정이다. 우리가 흔히 먹는 김치는 선정된 재료부터 그것이 익으며 생산되는 유산균까지 우연이라고 하기에는 믿기 어려운 정교한 의학적 처방전과도 같다.

장은 사실상 인체에서 가장 중요하다고 볼 수 있다. 소화된 음식 찌꺼기가 배출되기 전 장 내에 저장되는데, 그곳에서 다량의 유해균이 생성되면서 몸에 퍼져 나가기도 한다. 이때 유해균을 저지하는 것이 유산균이며 이 균의 생성이 정상적이지 않으면 우리의 몸은 독소에 노출되는 처지가 되고 만다. 이러한 장 기능의 역할을 담당하는 유산균을 활성화시키는 김치는 웰빙음식으로 세계적인 각광을 받는다.

우리의 고대국가는 신화적인 측면에서 볼 때 신선이 세운 나라다. 신선(神仙)이란 몸과 마음이 신의 상태에 이르러 스스로 기운생동하는 인간이며 무병장수와 동안이 그 특징을 이룬다. 신통력에 따라 소리, 춤, 의술, 무술에 능통하였기에 뛰어난 예술, 의술, 무술을 전수할 수 있었을 것이다. 신라의 화랑이 그 맥을 이어 풍류도(風流道)라 하여 심신을 단련하였다. 화랑조직은 화랑을 중심으로 한 청소년들의 국가사회적 교육기관으로 전통적 하느님 신앙을 기초로 하여 노래와 춤, 그리고 놀이를 특징으로 하는 풍류집단이다. 교과과정의 내용은 인생의 도리와 예술적 가락과 산을 즐겨 찾으며 심신을 단련하였다. 특이한 것은 화랑이란 아름답게 단장한 미모의 청년이었으며 그 밑에 수백 명을 학생으로 거느린 모성적 포용성을 가진 존재라는 것이다. 수행을 통하여 신에게 가까이 갈수록 얼굴은 동안이 되며 미모가 수려해지고 여성적이 된다.

술 좋아하고 노래와 춤이 뛰어나며 동안을 부적이나 추종하는 지금 우리의 정체성이 어떻게 탄생되었는지 깊이 생각해 볼 일이다. 풍류도란 뚜렷한 종교적 특색을

갖춘 상태가 아니라 모든 종교를 수용할 수 있는 영성이 살아 있고 어떤 예술이 들어와도 자기화할 수 있는 감성이 살아 있는 우리의 드넓은 민족얼을 말함이다. 종교적 · 예술적 재능이 풍부한 매력적인 민족이라는 의미로 보면 된다.

종교는 영성(치료의 근원지)을 찾아가는 인간의 바람이며, 예술은 신과 연결되는 다리 역할을 한다. 둘 다 같은 역할이나 모양만 다를 뿐이다. 수천 년의 역사 속에서 치료와 예술을 연마한 우리는 비록 서양에서 출발한 미술치료라 하더라도 그것을 꽃피울 수 있는 뛰어난 자질이 유전자 속에 존재함을 깨달아야 한다.

가장 밝은 빛

가장 밝은 빛을 체험하지 않고는 밝음과 어두움의 격차를 세밀하게 가늠할 수 없다. 대낮의 태양을 보지 않은 사람이 내가 태양으로부터 얼마만큼 떨어져 있는지 알 수 없는 것과 같다. 태양을 본 적이 없기에 밤 속에서 태양이 뜨는 곳까지 찾아갈 수 없을 뿐더러 남을 태양이 있는 곳까지 안내한다는 것은 더더욱 불가능한 일이다. 가장 밝은 빛을 치료의 근원이라고 한다면 동양은 이미 그것을 깊이 있게 터득하였다.

병든 사람의 그림이 얼마나 어두운지, 밝아지고 있으면 얼마나 밝은 것인지 알 수 있을까? 생사의 파노라마를 총체적이며 정확히 파악한다는 것은 서양 미술치료에서는 힘들다고 볼 수 있다. 심리적인 파악에서 끝난다면 확실한 치료는 이루어질 수 없으며 영성치료에 이르러야 모든 병은 해결될 가능성이 있다.

서양도 그것을 깨닫고 있지만 현격한 수준차이 때문에 그들은 오히려 미술치료를 배우러 와야만 할 것이다. 따라서 미술치료사란 치료mind(영성)를 갖춘 전문화가여야 한다. 전문화가라고 하여 꼭 미술대학을 나올 필요는 없으며 그림을 생활화하고, 몰두하여 모두에게 발표하고, 함께 즐거워할 실력을 갖추면 된다.

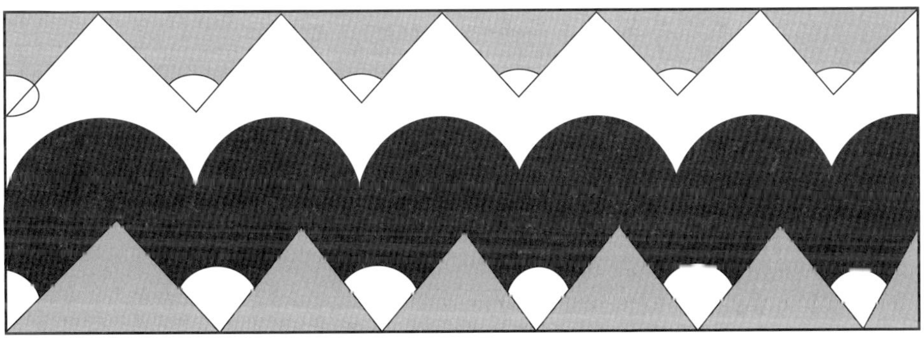

山

Younger
치료사의 산실

이 책을 읽는 방법

저자가 미술치료의 모든 것을 통달하였다고는 볼 수 없다. 그러나 분명한 점은 서양인들이 보는 관점과는 상당히 다르다는 것이다. 병든 그림만 제시하는 것이 아니라 최상의 건강한 그림들까지 표현할 수 있다는 것은 동양 미술치료의 주된 특성이다.

서양의 어느 심장병 의사가 환자를 수술한 후에 병원 복도를 걷다가 쓰러졌다고 한다. 병실로 옮겨 진단해 보니 심장병이었다는 이야기를 책에서 읽은 적이 있다. 병을 고치기는 하되 건강관리에는 무지했다는 것이다. 결국 병은 알되 건강은 무엇인지 알지 못했던 것이다. 서양의학과 동양의학의 중요한 차이점인 것이다.

제시된 건강한 그림과 병든 그림을 보면서 그 세계에 대한 분석력을 키우는 것이 아니라 통찰력을 키워 나가야 한다. 책 한 권 보는 것으로 해결될 수는 없는 것이지만 미술치료를 어떻게 공부해 나가야 하는지 그 길을 알아야만 한다. 비교적 쉬운 문구라도 스쳐 지나지 말고 모호하다 하여 추상적이라 배척하지 말아야 한다. 가급적 혼돈되지 않게 문장을 짧게 엮어 나갔기 때문에 자꾸 읽어 나가면 전체 줄거리를 파악하게 된다.

결코 단시간에 해결되거나 쉽게 이해되지 않으나 다 이해되면 지극히 간단하여 치료방법이 쉽고 단순하다. 이 책의 치료방법들을 치료현장에서 실제로 적용하여 스스로 느끼고 자기화해 나가는 것이 중요하다고 본다.

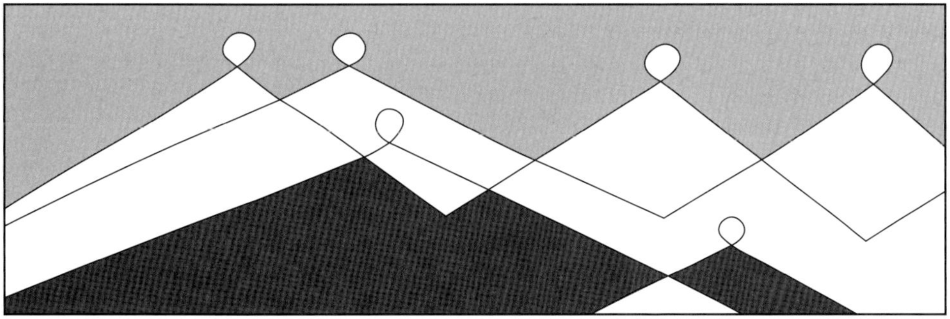

춤
Action
Top
감동

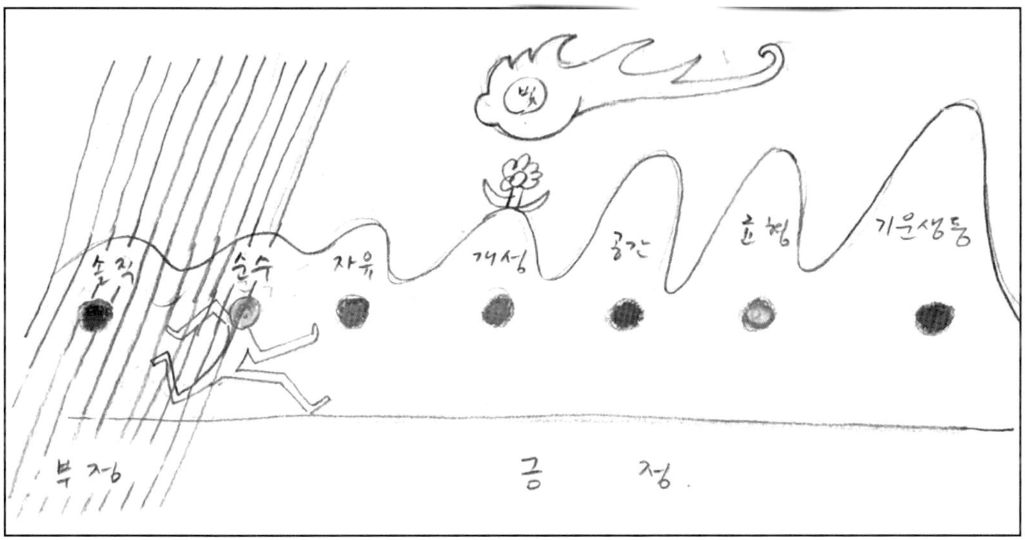

인간은 순수하고, 자유롭고, 개성적이며, 여유로운 공간 속에서 심신이 균형잡힌 삶을 살 때 건강하고, 젊은 에너지와 만날 수 있다.

Sun and Moon 미술치료 7단계

영성치료–SQ 개발법

인간의 영성이란 나와 함께 있는 또 다른 나이면서도 파악하기 힘든 알려져 있지 않은 나의 실체다. 내가 창조되는 본바탕이 되는 곳으로 이곳에서 기(氣)로 탄생되어 그 특성에 따라 몸과 마음을 이루며 살아 나간다. 현재 나의 몸과 마음의 입자보다는 곱고 맑고 밝기 때문에 어리석지 아니하고 지혜롭다.

이것을 축으로 하여 치료해 나간다는 것은 상당히 동양적이면서 신비롭게 보일 것이다. 심리(마음) 중심의 서양 미술치료 방법에 영성치료의 동양적 지혜를 접목한다면 더할 나위 없는 완성된 치료의 길을 갈 수 있을 것이다. 영성이란 마음보다는 드넓고 맑아서 지혜롭고 안정되어 있으며 따뜻한 사랑이 넘치는 곳이다.

IQ=지능지수, EQ=감성지수, SQ=영성지수

감성(EQ)의 시대가 지나고 영성(SQ)의 시대가 도래했다. 영성의 시대는 神的 성향이 강한 시대를 말하며 선진국에 알맞은 인간의 능력을 창출해야 한다. SQ 개발에 따른 특성은 창조적이며 자유로워 융통성과 유연성이 풍부하고 머리로 분석하고 가슴으로 느끼기 전에 모든 상황을 온몸으로 파악할 수 있는 민첩하고 정확한 판단력(직관)이 형성되고 마음이 강하여 용기가 넘치며 맑고 부드러워 여성스러운 섬세함도 갖추고 자신의 감정에 자유롭다. 몸도 건강하여 건강관리 능력에 따라 나이를 불문하고 동안을 유지할 수 있는 바탕이 형성된다.

철없는 듯 순수하고 지혜롭기는 노인 같으며 매력이 흘러 넘쳐 예술적 인생을 추구하여 나아간다. Sun And Moon 미술치료 7단계는 SQ를 개발하여 나가는 방법을 단계적으로 나누어 각 단계의 특성에 따라 학습하는 방법을 설명하였다. 각 단계 그 자체가 영성의 특성이며 활성화하는 방법이므로 단계별 심도 있는 학습을 생활화해야 할 것이다.

SQ 개발에 따른 나의 치료 능력은 강력하다.

첫째, 깊은 통찰력에 따라 정확한 그림 판독(그림 해석) 능력이 형성된다.

둘째, 지혜롭기에 문제에 따른 처방이 분명하다.

셋째, 영성은 밝음 그 자체이기 때문에 내담자의 어떠한 어두운 감정도 처리힐 수 있으며 역전이의 위험성도 낮다. 치료사가 이러한 영적 능력과 심리적 분석력을 동시에 갖춘다면 바람직한 치료의 길을 갈 수 있을 것이다.

1단계 : 솔직한 표현

마음을 치유할 때 가장 기본적인 마음가짐은 솔직함이다. 자신의 모든 것을 밖으로 드러내어 치유하며 성장시키려 할 때 나는 솔직해야 한다. 영성으로 가는 첫관문이므로 솔직함은 가장 중요하다고도 볼 수 있다.

2단계 : 순수한 표현

어두운 상처가 색과 형태로 표현되어 마음 밖으로 배출되면 그림(마음)은 맑고 밝아진다. 본래 나의 마음은 푸른 하늘과 같이 순수하다. 솔직함이 순수함이다. 꾸밈없이 생긴 그대로 행동할 때 나는 아름답다.

3단계 : 자유로운 표현

마치 어린아이처럼 나의 마음이 자유로워지면 나의 면역력은 크게 확대된다. 나의 생각과 감정을 신나게 그려 나가면 나의 마음은 동심 속에서 뛰어논다. 잘 노는 것이 치유의 세계이다. 진정한 자유는 내가 나의 감정으로부터 자유로울 때 성취된다.

4단계 : 개성 표현

개성이 그림에 꽃피어 나는 것은 나의 영혼이 살아 숨 쉬는 것을 말함이다. 내가 나의 개성을 찾고 존중할 때 나는 빛 속을 거닐며 나 자신을 발견한다. 빛은 면역력이다. 개성은 예술의 시작이며, 멋이 탄생한 곳이다. 자신을 사랑할 때 자신은 꽃피어 난다.

5단계 : 공간

그림에 공간이 나타나면 색과 형태는 안정되어 편안해진다. 공간이란 비어 있음이며, 나의 인간적 성향이 사라져 내 마음이 비워질 때 오히려 나는 생동하고 자신과 하나가 되기 시작한다. 동양의 화가들이 오랜 시간 그림을 그리며 자신을 수양하여 자연스럽게 그림에 드러난 것이 공간이다. 욕심을 비우는 것을 말하는 것인데 욕심은 버리겠다고 하여 버려지는 것이 아니며, 스스로 버려지는 것이라 지극한 겸손의 상태에서 기다림의 세월을 배워야 한다.

6단계 : 균형

전체와 조화를 이루는 것이 균형 감각이다. 전체가 살아나고 강한 활동력을 갖추기 위해서 정확한 위치 선정(구도)에 의한 힘의 밸런스가 균형이다. 사회 속에서 남과의 조화를 위해 나는 어떻게 바른 행동을 할까 하는 상황판단 능력이다. 남을(전체를) 배려하는 마음이며 사회적 리더가 될 수 있는 조건이다.

7단계 : 기운생동(면역력) – 영성

죽어 가는 그림(병든 그림)이 있고 살아나는 그림(건강한 그림)이 있다. 기운생동하는 그림은 완벽한 건강의 그림이라고 해야 할 것이며, 변역력의 세계이고 창조성이 넘치는 곳이다. 이는 화가들의 목표이며, 미술치료사 역시 이곳을 향하여 탐구해야 한다. 영성이란 감동의 세계이며, 사랑이 울려 퍼지는 곳이다.

밝은(맑은) 공간 균형

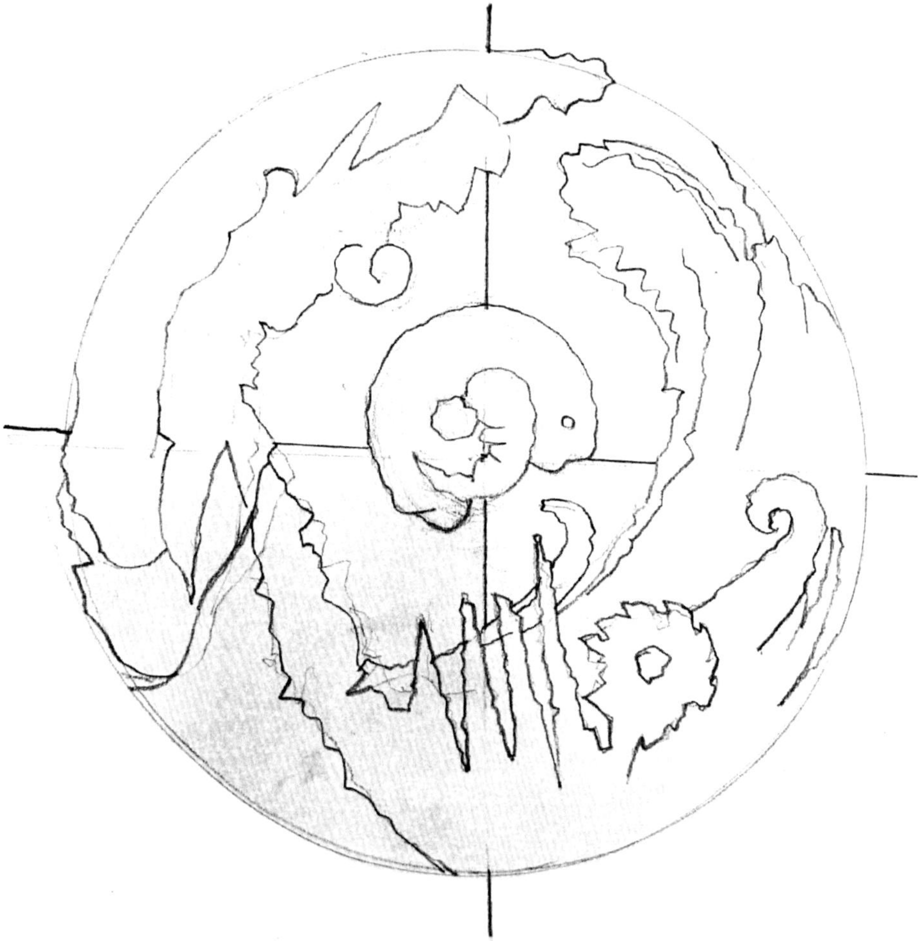

면역력의 형태－원운동(상상도)

면역력(형태)–에너지(빛)

면역력의 특성

밝고 맑으며, 공간과 균형의 특성을 갖춘 인간과 더불어 만물에 내재한 강력한 에너지의 세계로 넘치는 생명력이라고 볼 수 있다. 면역력은 의학뿐만 아니라 예술, 종교의 중심에 서 있는 창조성의 세계와 맞물려 있다.

병을 연구하기 전에 가장 건강한 상태에 대하여 경험하고, 연구하며, 상상해 보아야 한다. 면역력의 형태를 상상하고, 탐구하여 보자.

태풍의 원운동
태풍의 에너지는 1945년 일본 나카사키에 떨어진 원자탄보다 1만 배가량 더 크다고 한다. 태양의 형태도 원이며, 태양계 또한 원의 형태라고 한다. 자연에 존재하는 강력한 에너지의 형태는 원으로 이루어져 있다.

내가 태어나기 전(상상화)

내가 태어나기 전 '면역력 형태'

미술치료 학생들과의 수업 과정 중에 '내가 태어나기 전' 상황을 상상하여 그려 보라고 하였을 때, 신기하게도 많은 학생들의 그림에 원형의 그림들과 반짝이는 별 그림이 많았다. 우리는 태어난 고향인 빛나는 생명력의 세계를 어렴풋이 기억하고 있는 것 같으며, 그 세계의 형태와 운동은 원형이라는 것을 이 수업을 통해 확인할 수 있었다.

불교에서는 자신의 마음을 관찰하니 '둥근 달과 같다' 하였다. 자기 자신의 마음과 진실되게 마주함으로써 치료사는 치료의 주체에 접근할 수 있다. 자기 자신의 진실성은 내 안의 공간이며 면역력이다. 나를 살리며, 남을 감동시킨다. '둥근 달은 나를 깨운다' – 믿음

치료사의 필수 요건－스트레칭

몸과 마음을 풀어 주는 것을 이완이라고 한다. 면역력의 순환을 돕기 위해서 반드시 해야 하는 것이 이완이다. 운동으로 몸을 이완시키는 것을 스트레칭이라 하며, 진정한 스트레칭은 몸을 이완시킴으로써 마음까지 이완시킬 수 있는 방법과 원리를 갖추어야 한다.

깊은 이완을 경험하기 위해서는 수축과 이완을 병행해야 한다. 속도를 느리게 하면 몸속 깊이까지 이완함으로써 마음까지 이완할 수 있다. 운동량이 많은 관절부위에는 많은 양의 에너지가 흐르므로 그 회로를 원활히 하기 위해서는 관절운동이 필수적이다.

치료사는 스트레칭에 대한 전문적인 지식을 갖추고 스트레칭을 생활화하는 것이 필수적이다. 면역력에 대해서 몸으로 이해할 수 있는 것이 스트레칭이며, 또한 치료사 자신의 건강 관리에 큰 도움이 되기 때문이다. 자신의 면역력 활성화에 적극적인 치료사만이 환자의 마음 관리에 좋은 영향을 줄 수 있다.

면역력(자신의 자가치유 능력)

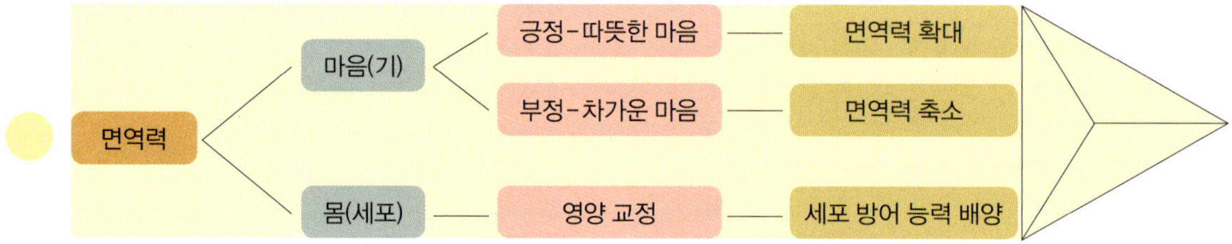

이완(스트레칭)–면역력 활성화

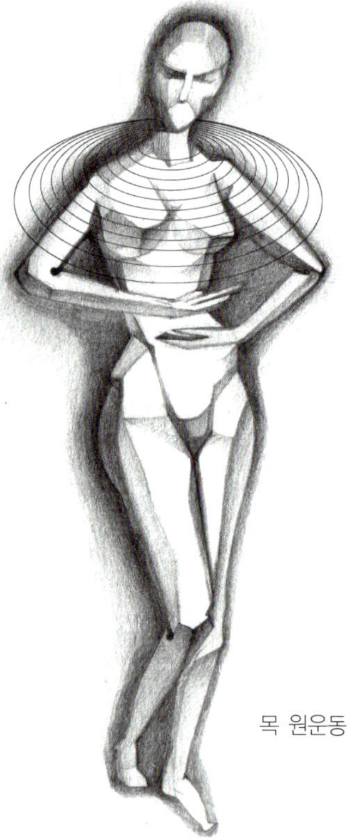
목 원운동–목 돌리기

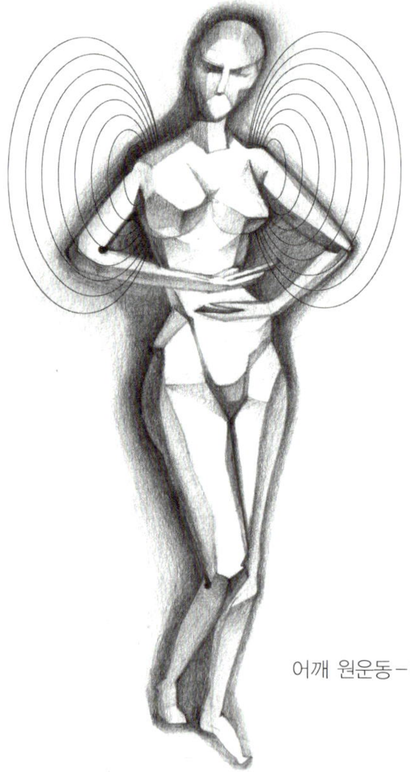
어깨 원운동–어깨 돌리기

스트레칭 원리

수축과 이완이 핵심이며, 돌리기, 뻗기, 늘리기, 꼬아주기를 통해 몸에 막힌 부분을 풀어 주고 에너지를 활성화시킨다.

무릎 원운동-무릎 돌리기

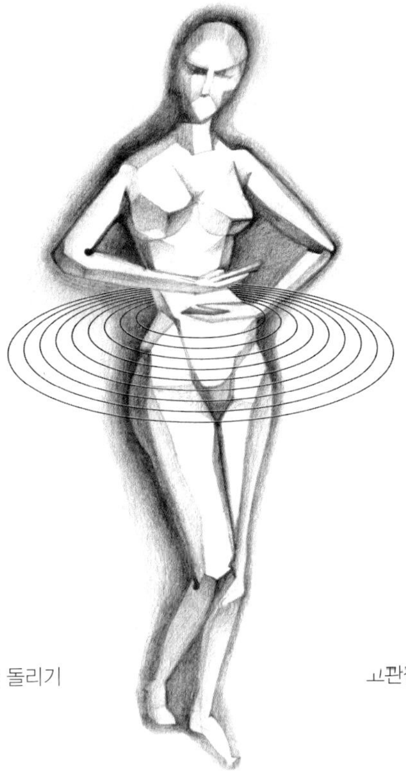

고관절 원운동-골반 돌리기

드로잉 체조(치료)

면역력 각성과 활성화 – 원 그리기

● 드로잉

그림 그리기에서 스케치나 데생보다는 더 자유롭게 그리는 것으로, 대상을 보고 그리기도 하고 순간순간 자신의 감정을 그리기도 한다.

● 원 그리기

치료실에 오는 아이들은 상처가 많을수록 신기하게도 원 그리기를 즐겨 한다. 굳이 원 그리기를 가르치지 않아도 자발적으로 행해지는 자기치유 행위로서 스스로 스트레스가 풀릴 때까지 정신없이 원을 그리는 것을 종종 보게 된다.

드로잉 체조－마음 열기

몸을 힘차게 펴면 마음도 따라 펴지고, 몸에 힘을 빼면 나의 깊은 휴식 공간에 맞닿을 수 있다. 나는 나에 대해서 그리고 세상에 대해서 얼마나 열려 있을까? 나의 마음이 닫혀 있는 만큼 나의 고립성은 심각해진다. 드로잉 체조를 통해 활짝 열린 형태를 발견해 보자.

가슴을 펴고 호흡을 느끼며 팔 전체로 직선은 힘차게 곡선은 부드럽게 그려 보자. 그림은 춤과 같다. 춤에 따라 몸과 마음은 함께 운동한다.

적극적이며 대담한 직선과 무한히 확대되는 풍성한 곡선을 온몸으로 그리듯 그릴 때 나의 마음은 그림 따라 활짝 펼쳐질 수 있다. 그림을 그리면서 마음이 열리는 것을 느껴 보자.

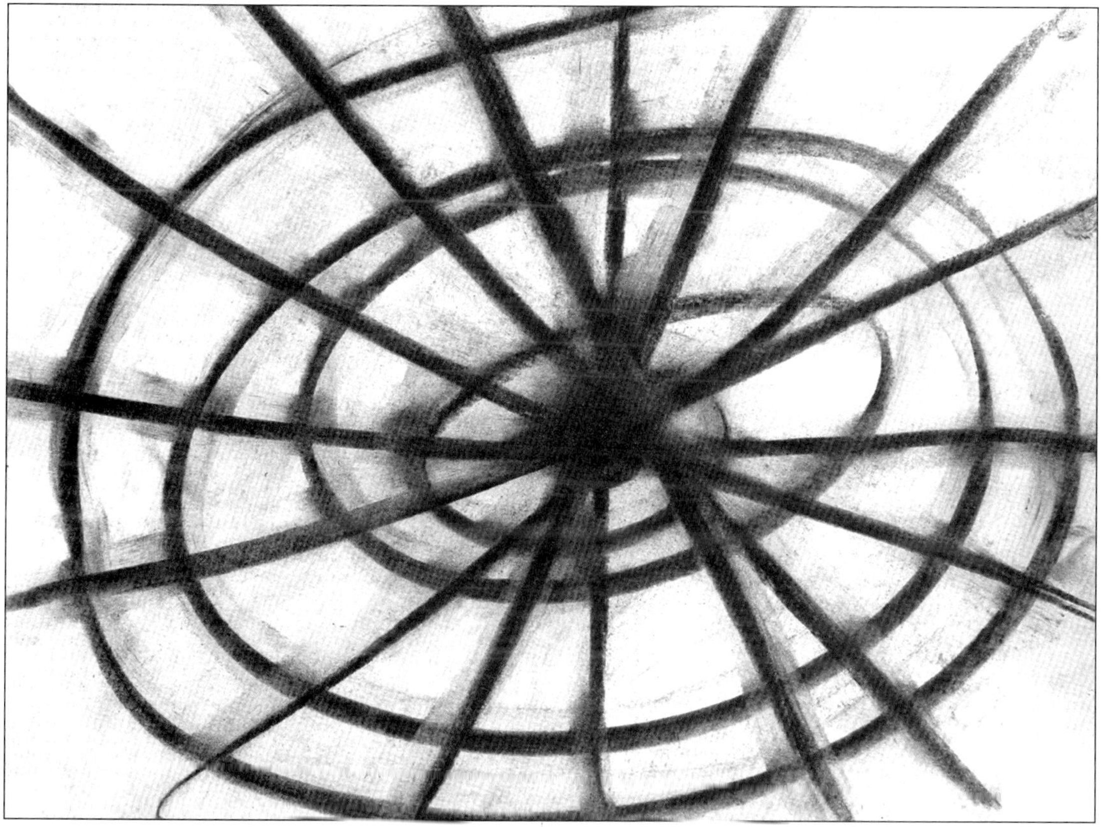

드로잉 체조 – 내뱉기(표현)

10분 운동	a. 스트레칭	몸의 각 관절 부분을 중심으로 풀어 준다. 몸에 쌓여 있는 부정적 스트레스를 운동을 통하여 풀고 배출시킨다.
5회 실시	b. 호흡	깊이 숨을 들이마시고 배 속 깊이까지 짜주듯이 호흡을 힘차게 내뱉어서 탁한 것을 배출한다.
10분 그리기	c. 드로잉 체조	1. 원 2. 세모 3. 네모 4. 번개를 한 종이에 순서대로 겹쳐서 그린다.

원, 세모, 네모, 번개를 겹쳐 그리다 보면 자유로운 선의 형태운동을 터득하게 된다.

자유 드로잉 체조

부정적 스트레스가 배출되도록 거칠고 힘차게 그려 나간다.

스트레칭, 호흡, 드로잉 체조에 의한 몸과 마음의 치료는 한두 번을 통해서는 불가능하고 긴 시간 꾸준한 반복이 필요하다. 스트레칭은 잠자기 전 15분 정도, 호흡은 아침에 일어나서 15분 정도 하는 것이 좋다. 호흡은 호흡을 통하여 기를 활성화시켜 면역력을 확대하는 방법이다. 전문적인 학습 후에 생활화해야 한다. 드로잉 체조도 꾸준히 실시하되 스트레스가 특히 심할 때 많이 해 준다.

자유 드로잉 체조 = 내뱉기(낙서화)

드로잉 체조를 하는 것처럼 그리되 순서를 지키지 않고 원이든, 네모 손 가는 대로 자유롭게 그린다. 자유롭게 그리다 보면 형태라는 틀이 없는 낙서가 된다.

드로잉 체조는 치료 도입 부분에서 실시하는 것으로 몸과 마음을 이완시키는 것을 목적으로 한다. 자유 드로잉 체조(낙서화)를 많은 사람이 어떻게 그릴 줄 몰라 하기 때문이다. 드로잉 체조부터 시작하여 자연스럽게 자유 드로잉 체조를 터득하게 지도해야 한다. 원 위에 네모, 세모, 번개를 겹쳐 그리면서 자유롭게 낙서하는 방법을 지도한다. 낙서화는 치료수단이면서 동시에 치료그림을 그려 나가는 기초이기 때문에 많은 학습이 필요하다.

강력한 치료사

치료사는 환자의 마음속에 살고 있는 부정적 인자를 해방시키는 적극적이며 강력한 치료 활동의 중심이어야 한다.

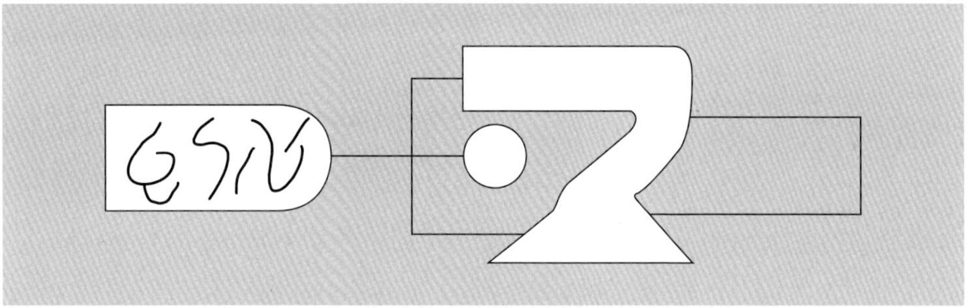

강력한 치료사
(미술치료의 기능)

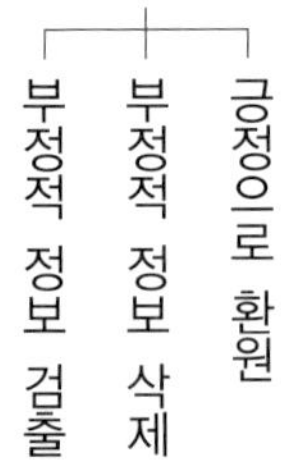

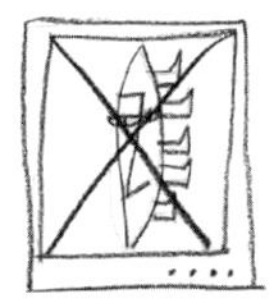

강력한 치료사는 부정적 정보를 색과 형태에서 검출하는데, 부정적 감정이 쌓인 양과 발생 시점까지 정확히 측정하여 그림 그리기를 통해 배출할 수 있도록 적극적인 도움의 주체가 되어야 한다. 내 마음속에는 과거의 많은 부정적 그림들이 살고 있다. 그 형상들이 생명력을 띠고 나를 지배할 때 수많은 병의 원인이 된다. 마음속의 부정적 정보는 삭제되어야 하며, 그것을 말로 표현하든, 행동으로 하든, 그림으로 그리든 밖으로 드러내어 표현할 때 부정적 정보는 힘을 잃고 사라지기 시작한다.

치료사가 치료의 주변에서 내담자를 돕는 소극적인 자세로는 치료 활동의 극대화를 기대할 수 없을 것이다. 치료사는 자신의 부정적 마음과 마주하고 긍정적 마음으로 스스로 환원시킬 수 있어야 하며, 두려움, 공포, 우울을 해결해 나갈 수 있는 힘을 갖추고 있어야 한다. 내담자의 마음과 하나가 될 때 치료의 중심에는 치료사가 있게 된다. 치료사는 모든 것을 지휘해 나가며 부정적 정보를 삭제하는, 과감하고 강력한 긍정적 인자가 되어야 한다.

오픈 마인드(open mind) – 마음을 열고 어두움을 여는 자

마음이 닫힌 것은 창문 없는 방과 같다. 빛과 바람이 소통될 수 없어 그 안에 무엇이 자라고 있는지 짐작하기 어려워지며 두려움만이 증폭된다. 마음이 열려 햇빛이 들고, 바람이 불고, 새소리가 즐거울 때, 세상은 벅찬 상대이지만 부딪혀 헤쳐 나갈 수 있는 용기가 생길 수 있다.

어떤 감정이나 생각도 숨기기보다는 솔직하게 표현할 때 내 마음은 밝게 빛난다. 치료사가 마음을 열고 솔직함을 갖추는 것은 치료 환경에 절대적 조건이 된다. 어둠을 꿰뚫고 지배할 수 있는 치료사의 강력한 힘은 열린 마음을 지나 깊고 맑은 영성에서 나온다.

타깃(target)

내담자가 치료실 방문을 의뢰할 때부터 치료사는 느끼기 시작해야 한다. 내담자의 상처가 어느 시점에서 발생한 것인지 정확한 목표를 포착한다.

강력한 치료사

영혼이 열린 치료사

치료 1

치료 2

치료 3

치료 4

치료일지(2007년 2~3월)

42세, 여성, 직장인. 책임감이 강하나 자신감이 결여되어 있고 마음이 여리며 얼굴이 어둡다. 매사에 부정적인 말을 많이 한다. –우울증 초기 진단

치료 1 : 신체 그리기

몸의 건강 상태를 알아보는 신체 그리기에서 가슴 부분에 나타난 검은색은 신체의 스트레스보다는 마음의 스트레스라고 판독되었다. 색에 나타난 부정적 감정이 상당히 강하게 농축되어 있었고, 그 감정이 발생한 결정적 시기가 어느 때인지를 알아야 했다.

치료 2 : 어린 시절 가족 그리기

2차 치료에서는 어린 시절 가족 그림을 그리도록 하였다. 아버지가 등장하고, 동생들, 어머니가 보였다. 그림을 그리면서 울기 시작했다. 마치 그 시절로 돌아간 것처럼…… 아버지는 문을 걸어 잠그고 식구들을 때렸다고 한다.

치료 3 : 아버지 그리기

그녀는 아버지의 양면성을 그렸다. 아버지는 다른 사람들에게는 호의적이면서도 가족에게는 폭력적이었다고 했다. 뿔이 다섯 개 달린 아버지는 그녀의 마음속에 살면서 그녀를 축소시켰고, 어둠 속에 몰아넣는 부정적인 촉매 역할을 한 것이다. –뿔이 다섯 개 달린 아버지는 그녀가 자신의 마음속에 창조한 괴물이다.

치료 4 : 아버지와의 여행

그녀는 그림 속에서 아버지와 여행을 떠났다. 아버지와 화해한 듯한 분위기이지만 그림 속에는 여전히 폭력적 잔재의 색들이 드러나 있다. 표현미술의 핵심은 내담자의 가슴속에 창조한 부정적 이미지를 밖으로 배출시키는 데 있다. 난 몇 장의 그림 그리기였지만 그녀에게는 마음의 짐을 내려놓는 홀가분한 시간이었다.

GOOD BYE

치료 후

마음치료에서 분명히 치료가 이뤄졌는지 시각적인 증거를 확보할 수 있는 방법은 미술치료뿐이다. 치료 전 그림과 치료 후의 그림은 매우 큰 차이를 보일 때가 많다. 마치 천국과 지옥을 보는 것과 같다. 이 사례의 내담자는 현재까지 미술치료 시간에 참여하며 미술치료사를 꿈꾸고 있다. 자신감이 눈에 띄게 회복되었고 인상은 밝아졌으며, 건강한 매력을 지닌 직장인이면서 자상한 어머니의 역할을 충실히 수행하고 있다.

치료 후 그림
드넓은 대지와 창공이 연상되는 적극적이며 자유로운 형상을 표현했다.

솔직한 치료사

치료사의 필수 요건

솔직하다는 것은 마음을 연 상태를 말한다. 마음이 열린 치료사 앞에서 내담자는 자신의 마음을 쉽게 열 수 있다. 마음이 열려야만 우리는 내부의 이야기를 밖으로 드러낼 수 있는데 이것을 표현이라고 한다. 따라서 솔직함은 치료사의 필수 요건이다. 내담자는 자신의 마음 구석구석의 상처를 솔직하고 자유롭게 표현할 수 있어야 상처의 아픔을 밖으로 배출할 수 있다.

몸을 풀면 마음이 풀리고, 마음이 풀리면 마음이 열리고, 마음이 열리면 마음에 담은 것을 표현할 수 있다. 열린 치료사 앞에서 내담자는 자유롭다

솔직한 치료사

가슴이 열린 치료사

영성치료사—치료의 특급비밀

종교는 사랑을 발견하게 하고 인간을 자유로움으로 이끌어 준다. 그러나 인간은 틀에 가두어지는 것에 익숙하기 때문에 종교라는 틀에 속박되기도 한다. 종교는 시대에 맞게 새롭게 변화되고 창조되어야 한다.

미술치료는 자유로운 예술활동을 통해 자연스럽게 영적 향상을 꾀하는 종교적 기능을 갖춘 자아탐구의 장을 펼치는 곳이다. 미술치료사가 스스로 갖추어야 할 조건들은 단순한 심리분석이나 통계적 진단방법에 의한 무분별한 억지에 그쳐서는 안 된다. 치료사는 심신이 모두 건강해야 하며 내면의 성숙도, 정신의 안정과 평화, 지혜, 강력한 영성을 향해 끊임없이 노력하는 탐구자여야 한다. 왜냐하면 치료는 치료사의 영성으로부터 비롯되기 때문이다. 심리치료는 머리로 분석하고 심리의 문제점을 해결해 나가는 방법이다. 작은 문제의 해결은 가능하지만 깊은 상처를 해결하지는 못한다. 영성치료는 심리를 머리로 분석하는 것이 아니라 가슴으로 느끼는 것부터 시작한다. 가슴이 크게 살아 있지 못한 치료사는 불가능한 치료법이다. 내담자의 상처가 가슴에 느껴져 눈물이 저절로 흐르고 그를 감싸 안고 달래는 것이 영성치료다. 사랑으로 치료하는 것이다.

너무나 당연한 쉬운 이야기로 들리겠지만 가슴이 살아 있고 진실되며 그에 따라 맑은 영혼이 드러나 있는 치료사는 찾기가 쉽지 않다. 이러한 치료사가 있는 곳에 내담자가 방문할 때 치료실 문을 연 순간부터 치료가 일어나기 시작한다. 그러한 현상을 전이라고 한다. 강한 것이 약한 것에 영향을 줌으로써 약한 것이 변화하는 영혼의 교차현상이다. 이러한 치료가 이루어질 수만 있다면 그림은 간단한 도구가

영성
영성이란 어두움을 날려 보내는 강력한 빛이다.
나는 영성이다.

된다. 그림으로 아픔을 진단하고 그림을 통해 아픔을 발산시키게 하며 치료사의 맑은 영혼이 내담자를 감동시킨다면 신비한 치료의 특급비밀은 탄생하는 것이다.

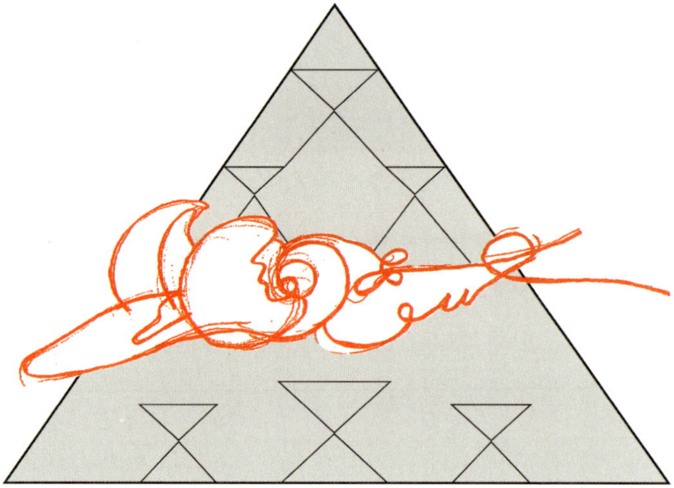

전이 개념 – 영혼의 교차현상

내담자가 치료사에게 전이되어 점점 치료사와 닮아가는 것을 그림으로 표현한 것이다.

치료사는 내담자에게 좋은 환경을 제공하는 입장에 서야 하기 때문에 전이 개념에 대한 책임과 그 정신을 확고히 할수록 보다 유능한 치료사의 길을 갈 수 있다.

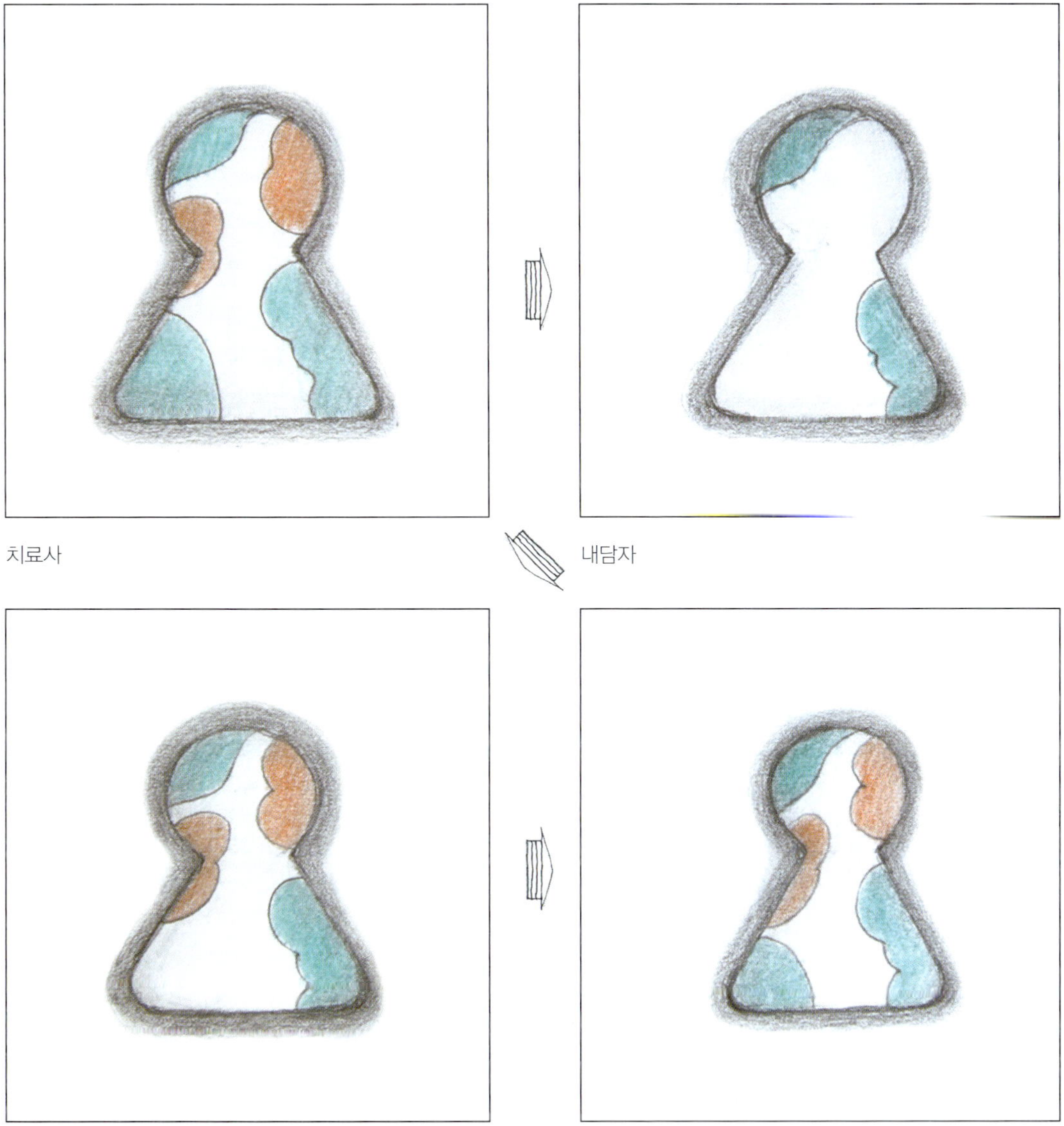

전이

제2장 형태와 색

그림은 말을 한다
건강한 형태, 아픈 형태
멍든 색, 썩은 색
형태치료–치료그림 제작
색채치료

그림은 말을 한다

그림=형태+색

형태가 태어나는 곳은 감정이다. 형태가 구체화되는 곳은 생각이다. 형태는 분명한 언어의 세계로 이 세상을 이야기한다. 색은 감정이며, 언어의 바탕이다. 색은 흐름이며 마음의 진동이고, 감동이다. 하나에서 시작되어 수많은 색으로 변화하고 독자적이면서도 한데 어울려 하나가 되는 슬픔이며 희열이다. 형태보다 색은 마음의 고향에 더 가까운 것 같다. 색은 집을 짓는 재료와 같고, 형태는 골조와 같다. 색과 형태는 한데 어울려 이 세상을 만든다. 나는 너와 만나면서 이야기하기 시작하고, 우리가 하는 이야기들은 결국 색이며 형태이다. 그것이 삶이며, 살아가는 동안 상처는 색과 형태에 남는다. 치료사는 색을 어루만지고 형태를 수선한다. 그때 색은 싱싱하게 선명해지며 형태는 보기 좋게 살아난다. 그것이 미술치료다.

미술치료사는 화가만큼 그림을 그려야 한다. 그림이 말을 하는 것을 들을 수 있어야 하기 때문이다. 창조의 순간은 신비롭다. 황홀과 행복이 휩싸인 작업실에서 그림들은 소곤소곤 나에게 말을 건다. 오로지 홀로 있는 공간 속에서 그림과 마주할 때 그들의 음성은 나의 마음을 울린다. 형태와 색은 살아 있음의 세계로 진입하는 구조로서 그들 나름대로의 언어가 진동이 되어 내 마음에 전달된다.

그림은 말을 한다. 그림이 언어화되어 속삭이는 것을 치료사는 가슴으로 듣는다. 아픈 상처는 그림 속에서 괴성처럼 울부짖는다. 그 소리를 듣는 치료사는 눈물을 흘린다. 사업이 망하고 중풍으로 쓰러진 사업가의 그림에서, 엄마가 시집가 버린 어느 소녀의 그림에서 전해지는 너무나 큰 슬픔으로 내 마음이 저려온다.

수십 년 동안 버스를 운전한 어느 고속버스 운전기사는 길이 말을 한다고 하였다. 전방 50미터에 돌부리가 있다고, 조금 있으면 비가 올 거라고……. 어느 애완견은 신기할 정도로 주인의 말을 잘 알아듣고, 허리를 다친 주인의 잔심부름을 다 해낸다. 우리는 존재하는 모든 것과 대화가 가능하다.

존재하는 모든 것이 신(神)이라고 하였던가. 자기 안의 신을 찾아 떠나는 이가 치료사다. 치료사는 神을 찾는 그 중간에서 세상을 치료하고 놀본다. 예술이라는 비행기를 다고 인간의 심리와 내면을 탐구하고 신적 영성을 발견한다. 언어보다 더 선명하게 그림을 통해 모든 창조의 세계를 볼 수 있다.

건강한 형태, 아픈 형태

건강한 형태(긍정 이미지) 그리기

치료사는 최고의 건강을 탐구해야 한다. 자연을 관찰하며 건강의 아름다움을 그려 보자.

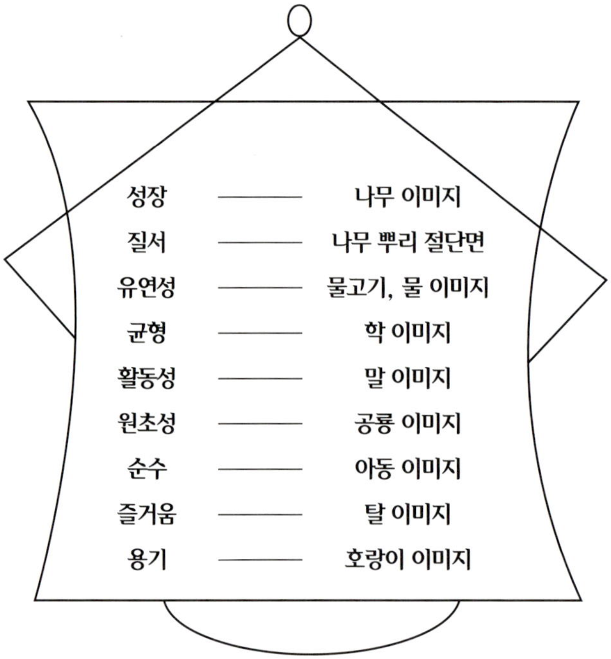

우주는 끝없이 성장하는 나무와 같다. 성장은 강력한 흐름이다. 든든한 구조로 생명의 틀을 질서 있게 형성하여 힘차게 활동한다. 이 세상을 때 묻지 않은 순수를 바탕으로 사랑을 향해 갈 수 있는 것은 용기가 있기 때문이다.

성장(나무 이미지) – 뻗어 나가는 직선과 풍요로운 곡선

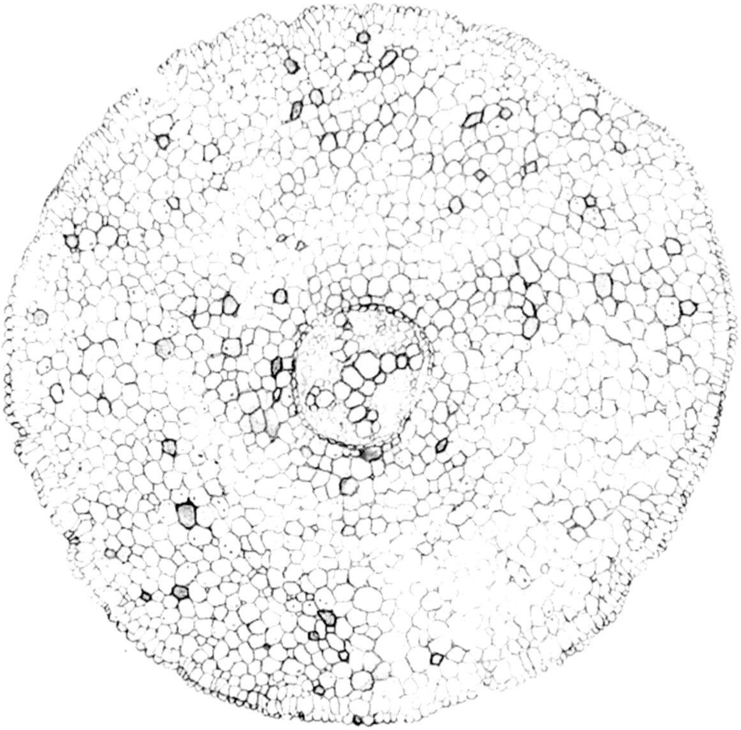

질서(나무 뿌리 절단면) – 가지런하고 조용한 형태

자연은 우리의 스승이다

자연의 형태에서 건강과 아름다움을 발견하고 생명력이 활성화된 싱싱한 형태를 학습해 보자. 부정의 세계에 있는 환자를 긍정의 세계로 인도해야 하는 치료사는 긍정적인 세계의 건강한 형태를 면밀히 파악하고 있어야 하기 때문이다.

유연성(물고기, 물 이미지)-물 흐르듯 흘러가는 부드러운 곡선

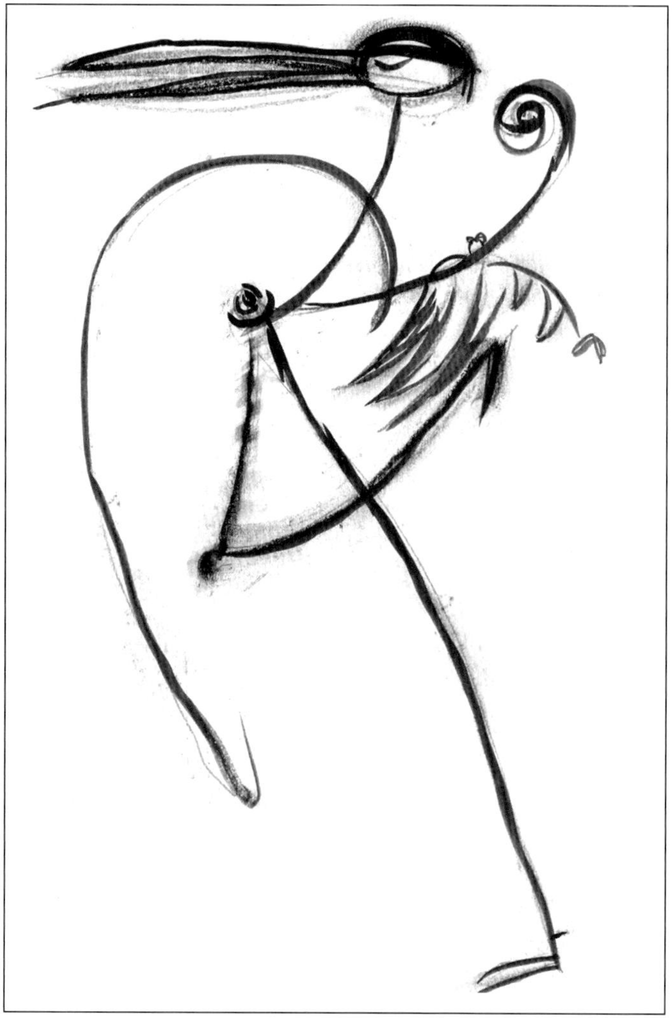

균형(학 이미지) – 중심 잡힌 직선과 곡선의 조화

활동성(말 이미지) – 속도 있는 직선과 힘찬 곡선

원초성(공룡 이미지) – 거친 야성의 폭발과 역동적 형태

순수(아동 이미지)   어린 듯, 수줍은 듯, 소박하며 꾸밈없는 형태

즐거움(탈 이미지)－춤을 추며 돌아가는 곡선의 잔치

용기(호랑이 이미지) – 강력한 직선, 탄력 있는 곡선

아픈 형태(부정 이미지) 그리기

치료사에게 반드시 거쳐야 할 수업과정이다. 바이러스, 세균을 그려 보고 그 형태에서 뿜어져 나오는 독성과 형태에 따른 특성을 파악해야 한다.

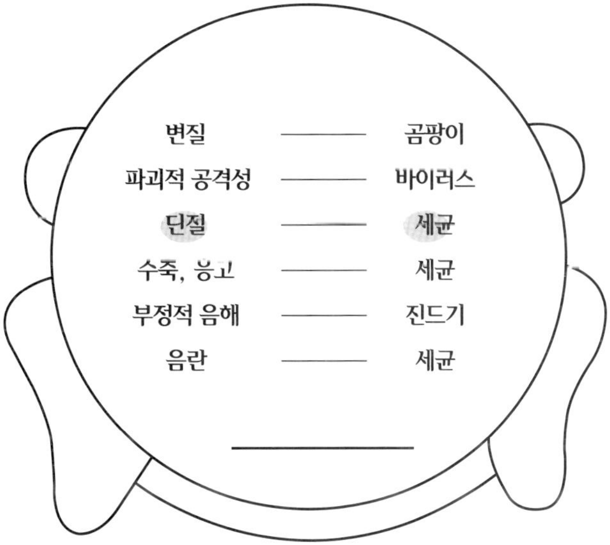

독성

부정적 생각이나 감정은 바이러스와 공명하여 바이러스를 부른다. 파괴적인 그들의 형태는 부정적인 세계를 아주 잘 표현해 준다. 치료사는 그들의 형태를 통해 아픈 이들의 그림이 어떤 형태로 이루어져 있는지 연구해야 한다. 마음이 아프거나 몸이 아픈 이들은 부정적인 형태를 표현하기 때문이다. 가장 독성이 강한 형태인 바이러스를 그려 보면서 그 지독함을 느끼게 되면 아픈 이들의 형태에서도 독성의 아픔을 느낄 수 있다. 치료사에게 느끼는 훈련은 생명과도 같다. 낱낱이 느껴서 함께 공명하고 이해해야 한다. 느끼는 훈련이 충분히 학습되면 치료현장에서 독성 있는 그림들을 굳이 자세히 느낄 필요는 없다. 전이되지 않을 정도로 빠르게 파악한다.

변질(곰팡이)－산만한 형태, 흩어져 사라져 가는 부패 형태

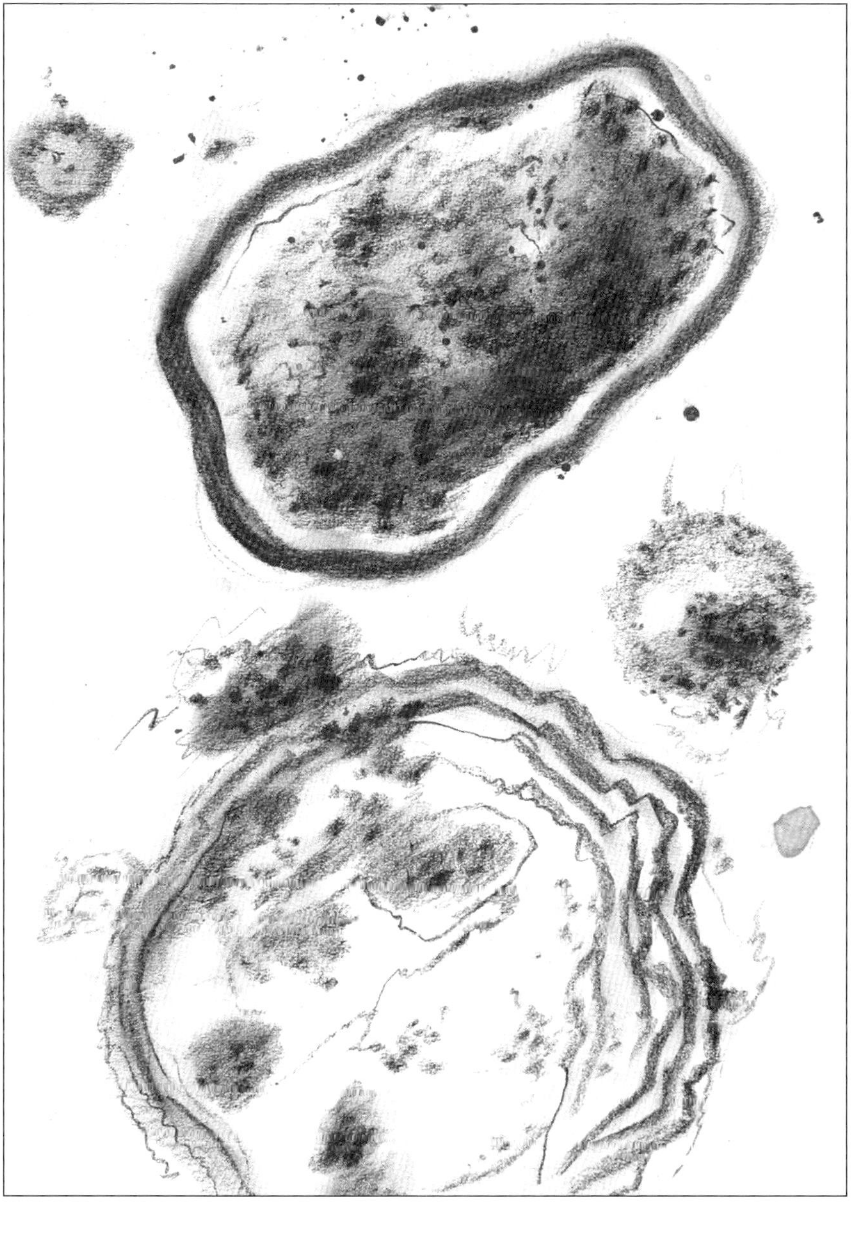

마음이 무너지면 형태도 해체되기 시작한다. 형태가 모여서 강하며 예쁘게 생동하지 않고 부서져서 흩어지려는 경향이 보일 때 심신에 병이 생길 가능성이 있거나 병이 있는 것이다.

파괴적 공격성(바이러스)–독성

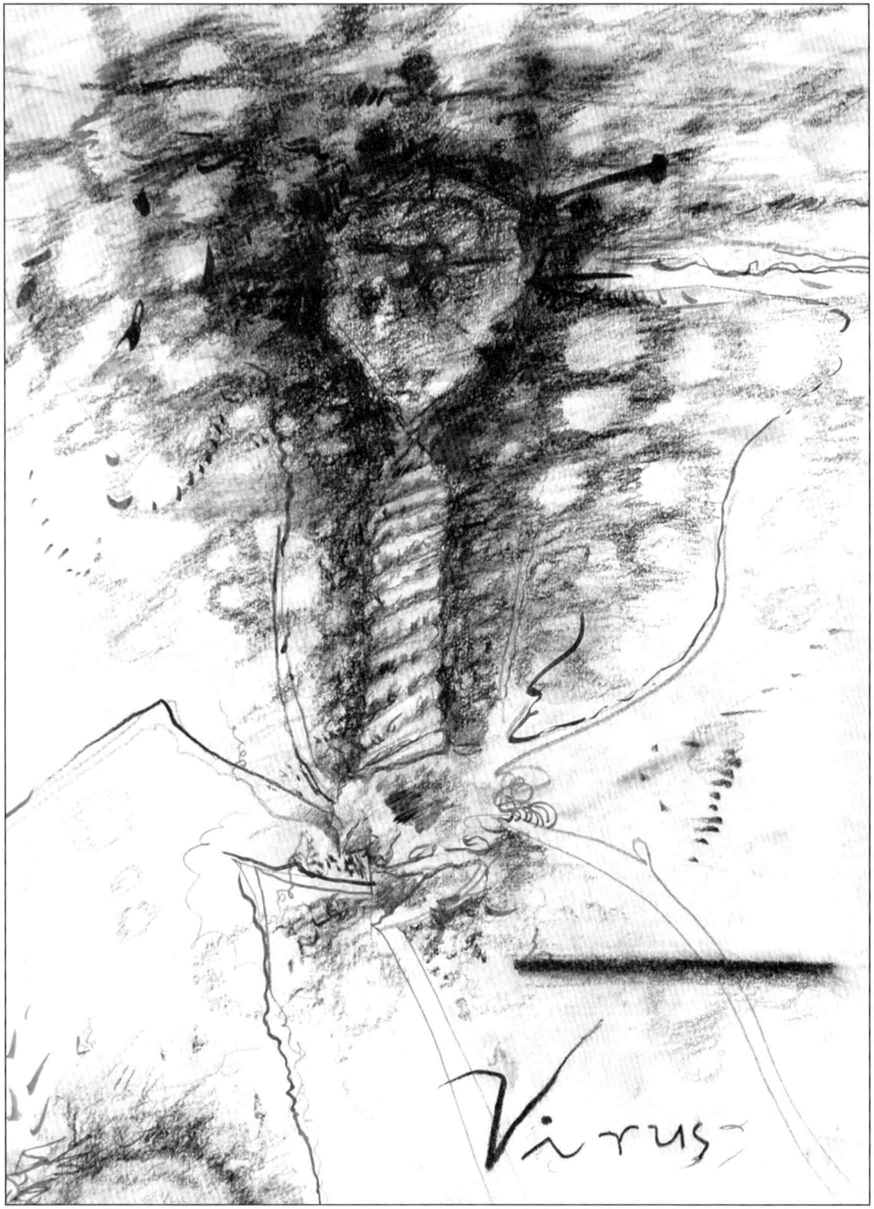

원한, 증오가 마음에 사무칠 경우 드러나는 형태이다. 이러한 형태의 무차별 공격성은 사회에 엄청난 혼란을 가져오기도 한다. 끔찍할 정도의 독성과 폭력적 형태를 분명하게 파악하고 있어야 한다.

폭력(바이러스) – 사나운 공격

독을 퍼트리는 형태이며, 독성 이미지를 강하게 내뿜는다. 비록 불량한 형태이지만 구조적 형태는 아름다운 본질이 숨어 있다. 치료사는 선과 악을 분명히 구분하고 그에 따라 대처하는 것이 분명하기도 하지만 선과 악 모두를 포용해야 한다.

단절(세균) – 형태가 끊어져 흐름이 막히고 답답한 형태

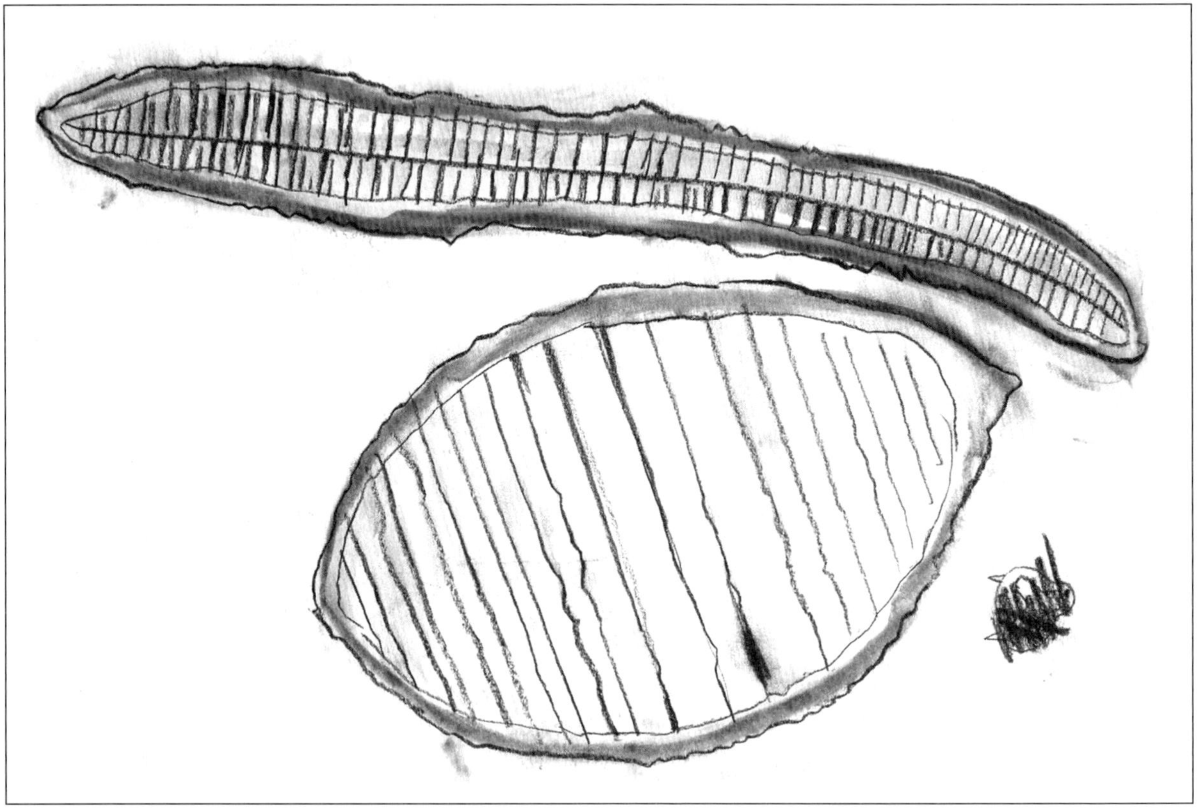

창문틀처럼 형태가 토막토막 잘라져 막고 있는 그림은 답답한 상황을 말하고 있다. 자르고 토막 내는 형태가 폭력성과 만나면 살인의 형태가 된다.

수축, 응고(세균) – 어둡게 뭉쳐서 전혀 움직임이 없는 고착된 형태

형태가 움직임이 없어 정지되었거나 지나치게 고착되었다면 외부 압력에 경직된 상태라고 볼 수 있다. 참는 것이 지나쳐서 심하게 응축된 형태는 암환자에게서 볼 수 있다. 참고 사는 것이 병이다.

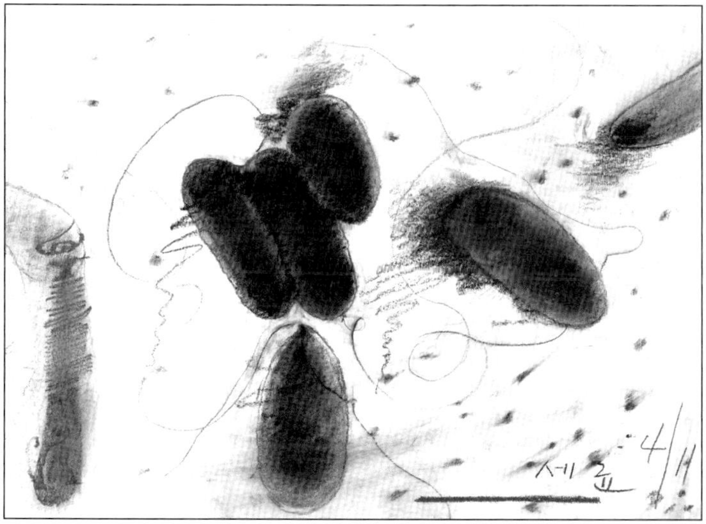

대장균

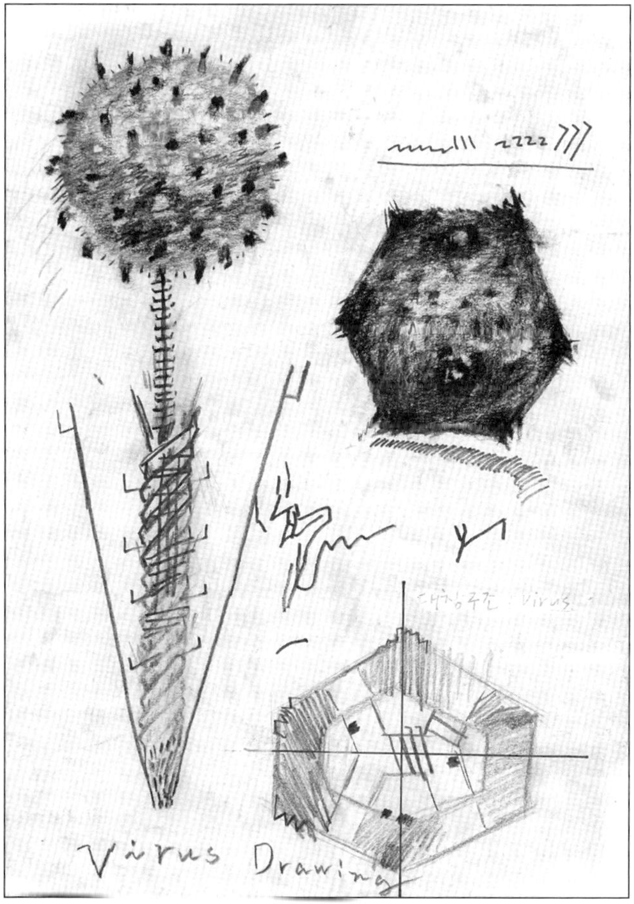

바이러스 드로잉

부정적 음해(진드기) – 간교하고, 숨기는 사악한 형태

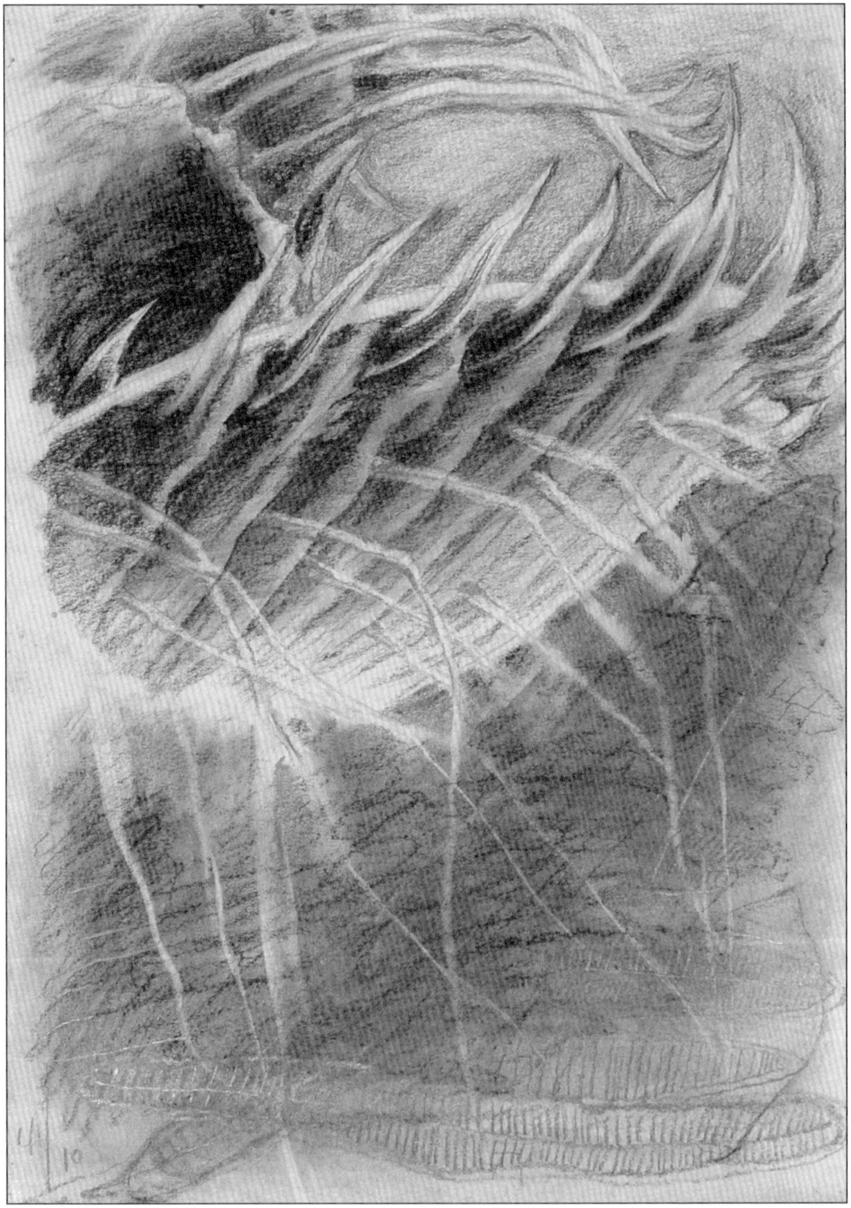

음란(세균) – 어두운 유혹의 형태(매독균, 헬리코박터균)

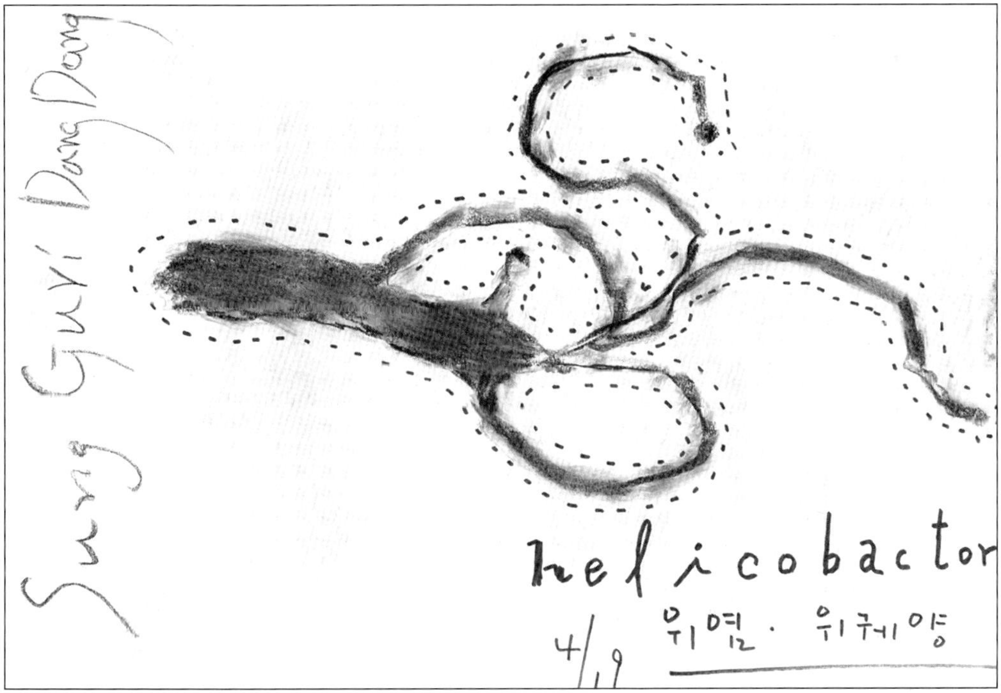

흐르며 꼬이는 것이 징그러운 형태는 음란함이다. 형태는 마음따라 빚어진다고 볼 수 있다. 음란함도 형태에 따라 그 정도가 다르다. 굵기가 심하고 운동이 크면 그 욕구도 강하다고 보아야 한다.

매독균

1 2 3 4 5 6 7

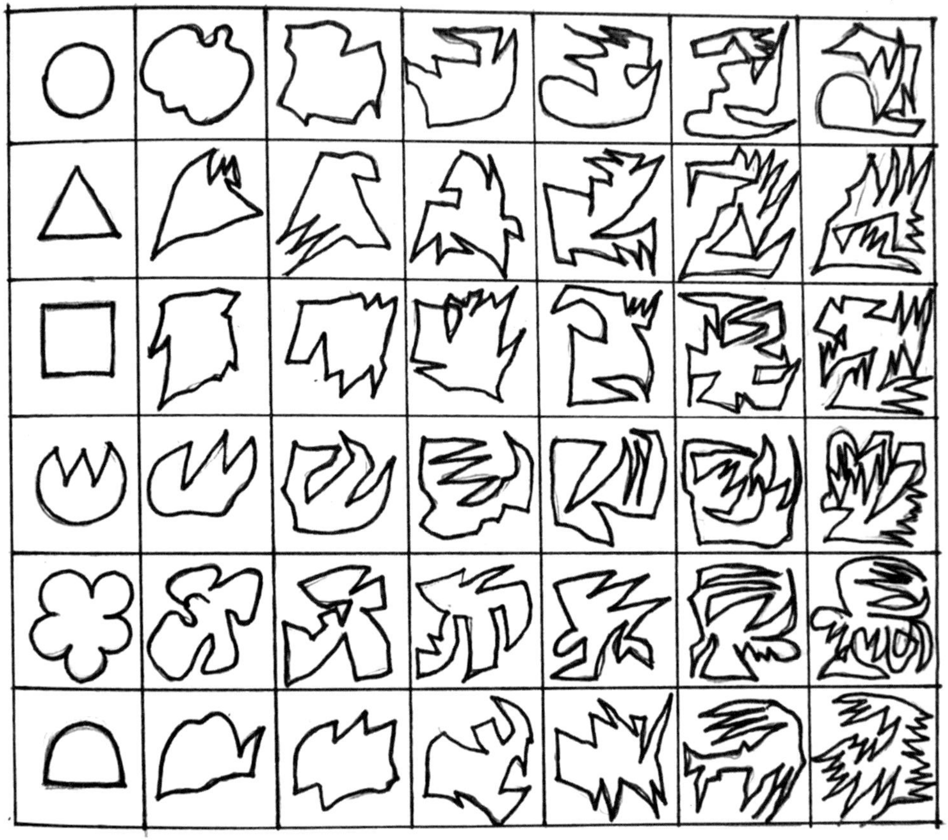

긍정 → → → → → 부정 (변형)

형태의 변질-스트레스성 변형

치료사는 건강한 형태(부드러운 곡선)와 아픈 형태(사나운 직선)의 그림들을 직접 그려 보면서 건강과 병의 차이점을 분명히 인식하고 그 형태의 특성을 구분할 줄 알아야 그림 판독의 기초를 갖출 수 있다. 병으로 갈수록 형태는 미워지고 일그러지며 건강해지면 형태는 예쁘고 반듯하다. 젊음이란 모든 형태를 꽃처럼 피어나게 한다. 인생에서 잠깐 동안 누리는 행복이다.

심해어-바다 깊은 곳, 온도가 낮고 햇빛이 적은 상태에서 형태가 기괴하게 변질됨을 심해어를 통해 알 수 있다. 환경은 형태를 창조한다. 어둡고 차가운 마음은 마음속에 심해어를 키운다. 결국 그 형태는 남을 죽이고 나도 죽인다. 그것을 악마라고 부른다.

치료 기간(4개월). 검은색의 터널을 뚫고 치료 후 노란색이 등장했다. – 엄마가 버리고 간 아이(초등학교 4학년, 남)

멍든 색, 썩은 색

멍든 색(마음) = 명도(색의 밝고 어두움)

마음이 멍들어 속이 타면 색은 어둡게 표현된다. 몸이 병들면 색이 썩어서 탁하게 표현된다. 검정과 빨강은 마음의 스트레스를 대표하는 색이라고 할 수 있다. 치료 때 가장 많이 눈에 띄는 색들이다. 치료가 이루어지면 점점 이 색들은 사라져 가고 밝은색이 등장한다. 치료시 내담자의 변화과정을 꾸준히 살펴보아야 형태와 색의 치료과정을 파악할 수 있다.

엄마가 버리고 간 아이의 그림 – 두려운 감정

아마도 어릴 때는 엄마가 사라진다는 것이 세상에서 제일 무섭고 공포스러운 상황일 것이다. 아이의 마음속에서 자란 두려움의 색과 형태는 지옥의 세계를 짐작케 할 정도이다. 새엄마가 치료실로 데리고 왔는데 현명한 새엄마라고 볼 수 있다. 어린아이에 새겨진 두려움은 그 정도가 심각하다. 만약 방치되어 사춘기를 맞이한다면 어떤 행동으로 두려움이 표출될지 상상만 해도 끔찍할 정도의 그림들임을 자세히 보고 이해해야 한다. 인간의 가장 밑바닥 어둠의 끝에서 태어난 그림들이다.

아무리 나이가 어리다 해도 자신에게 현재 가장 소중한 것이 떠난다는 것을 인지했던 것이다. 스트레스를 머금은 검은색과 순수한 검은색과의 차이점을 위 그림들에서 느껴 보자.

적신호
흑신호

치료 종결

② 공장-중학교 3학년, 남

① 치료 기간(3개월), 병실 꽃병-중년, 남

③ 치료기간(5개월), 과일그리기-중학교 3학년, 남

① 아픔-빨강

사업에 실패한 충격으로 반신불수가 된 남자의 아픈 상처가 표현됐다. 검은색, 빨간색 그 자체는 순수하다. 그러나 그 색을 쓰는 사람의 마음에 따라 부정적으로 표현된다. 치료현장에서 불만, 스트레스, 두려운 심리를 간직한 사람은 검은색, 분노의 상처를 간직한 사람은 빨간색으로 그 마음을 표현한다. 실제로 색에 그들의 마음이 실리는 것을 느낄 수 있어야 한다.

② 불만, 스트레스-검정

항문 조절이 안 되는 중학생 남자아이의 강한 스트레스가 담겨 있다. 아무 때나 흐르는 냄새에 얼마나 수치스러웠을지 그림을 통해 알 수 있다.

③ 치료 후-노랑

노랑은 치료색이므로 치료가 끝나 가는 그림에서 종종 나타난다. 어두운 마음이 사라지고 밝은 마음이 드러날 때 노랑이 등장한다.

△ 치료현장

위의 내용들은 치료현장에서 가장 흔히 볼 수 있는 일반적인 현상이다. 그렇기 때문에 위의 내용을 더욱 심도 있게 관찰하고, 풍부한 해석력을 갖추어야 한다. 모든 마음의 병의 시작을 알리는 적신호, 흑신호에 집중하고 또 집중해서 분명하게 파악해야 한다.

썩은 색(몸) = 채도(색의 맑고 탁함)

몸보다는 마음이 빛의 성향에 가깝기 때문에 마음이 병들면 '마음이 어둡다'고 표현한다. 몸은 물질 세계로서 썩으면 탁해져 더러워진다. 그래서 '피가 맑다, 탁하다'라고 표현한다. 이러한 이미지 때문에 마음에 상처가 있으면 그림의 색이 어둡다. 반면에 수척하고 영양 공급이 안 돼 보이는, 얼굴색이 안 좋은 아이들은 그림 색이 탁하여 더럽고, 형태는 세균 이미지로 가득하다.

마음이 아픈 이들의 그림은 치유되는 것이 드러나지만 몸이 아픈 이들의 그림은 대체로 치유되기가 힘들어 호전되지 않는다. 따라서 미술치료사는 마음치료와 더불어 몸치료(영양 공급)에 대해서도 많은 공부를 해야 한다. 미술치료사는 몸과 마음의 건강을 모두 관리할 수 있는 전문적인 총체적 건강 관리사가 되는 것이 바람직하다.

초등학교 4학년, 남 – 세포의 환경이 세균에 오염되었기 때문에 전체적으로 그림이 지저분하며 어떤 형태든 세균과 같은 공격성을 표현하고 있다. 세균에서 풍기는 이미지와 많이 흡사하며 세균, 바이러스 그리기를 학습하면 채도에 관련된 그림들을 파악하기 쉬워진다.

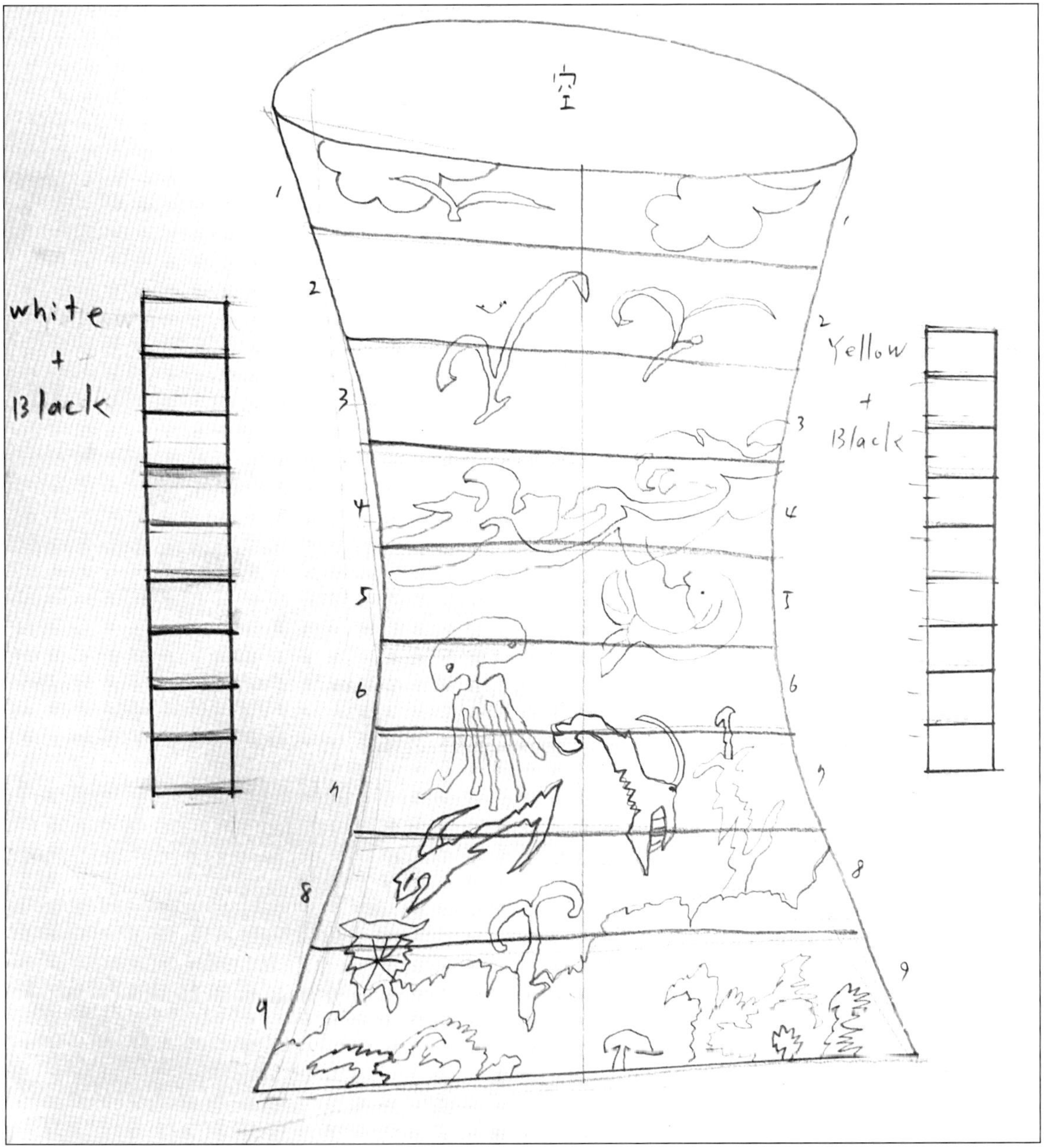

그림을 판독할 때 명도, 채도에 관련된 그림들을 따로 구분 지어 파악하는 것이 좋다. 그러나 그 구분이 그렇게 쉽지는 않다. 각각 9단계로 오염된 양을 측정하도록 한다(p. 157 표현 진찰 9단계에 설명되어 있다).

형태치료 – 치료그림 제작

오염도

색의 오염보다 형태의 오염은 상황이 더 심각하다. 색보다 형태는 더욱 견고하고 구체화된 마음의 세계이므로 오염이 형태에까지 침투되었을 때 마음의 오염 수치가 높다고 보아야 할 것이다. 형태의 오염은 분명하게 드러난다. 마음이 부정적일수록 아주 험한 악마적 형태로 변질되므로 그 심각성을 충분히 확인할 수 있다.

치료현장에서의 그림 형태 지도 방향

내담자는 위축되거나 부실하고 경직된 형태를 그리므로 그것을 완화시킬 수 있는 방향으로 유머, 풍요(너그러움), 부드러움, 춤추는 형태 세계로 그림을 교정 · 지도하고 전개시켜 나가는 것이 바람직하다. 특히 노인들은 스스로 그림을 그리기가 힘들므로, 치료사가 그림을 그려서 제시하고 그것을 보고 그리게 하는 것이 좋다. 치료사의 예시 그림은 내담자에게 시각적으로 안정과 만족을 줄 수 있는 풍요롭고 부드러운 형태를 제시해야 한다.

치료 형태로서의 웃음

웃음은 마음이 열리는 것이다. 치료사는 생활 속에서 마음이 열릴 수 있는 행위들을 파악하고 있어야 한다. 마음이 열린다는 것은 곧 몸과 마음의 굴레를 벗어나 매우 평화로운 내면의 상태로 변화하는 것이다. 웃음이 가슴에서 일어나듯이 우리에게는 가슴에 마음의 고향이 있다. 종교적 측면에서는 영성이라 할 수 있고 치료적

측면에서는 면역력이라 할 수 있다. 치료 형태는 웃음의 형태를 기본으로 하여 구축해야 한다. 따라서 웃음의 형태에 대한 밀도 있는 학습은 치료그림 제작의 중요한 발판이 된나.

고구려 벽화 비천상은 하늘을 나는 선인(仙人, 신선)들을 표현한 것이며, 하늘이라는 의미를 알면 이러한 그림이 이해가 된다. 하늘은 우리 마음속 너머에 기운생동-면역력의 세계다. 그 세계는 가볍고 부드럽고 강하며 맑고 밝다. 고구려인들은 날아다니는 仙人을 통해 이 세계를 그림으로 잘 표현하였다. 비천상은 치료그림을 어느 방향으로 그려 나갈지를 잘 제시하고 있다. 仙人은 氣의 세계를 통달한 사람으로 생명의 조화와 에너지의 발원지를 깨달아 무병장수하며, 늙어서도 늘 푸른 청춘으로 살아간다.

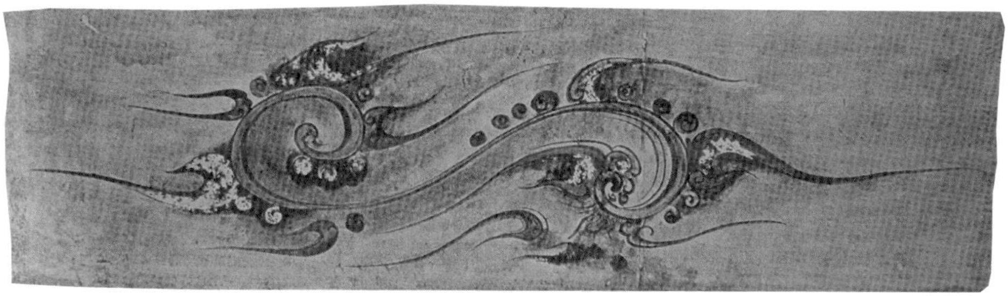

고구려 현실천정 받침 · 당초문(춤을 추는 듯한 새로운 힘의 표현)

고구려 무용총 · 주실북벽 천정받침 4층 주악비천상

고구려 무용총 · 비천상

치료그림 제작

웃음 그리기 1

웃음의 神

웃음 그리기 2

직접 웃으면서 꽃이 피며 춤추듯 웃음을 그려 보자. 웃음은 풍요롭고, 즐거운 곳이다. 충분히 드로잉해 보고 형상화하여 보자.

유머(즐거움)

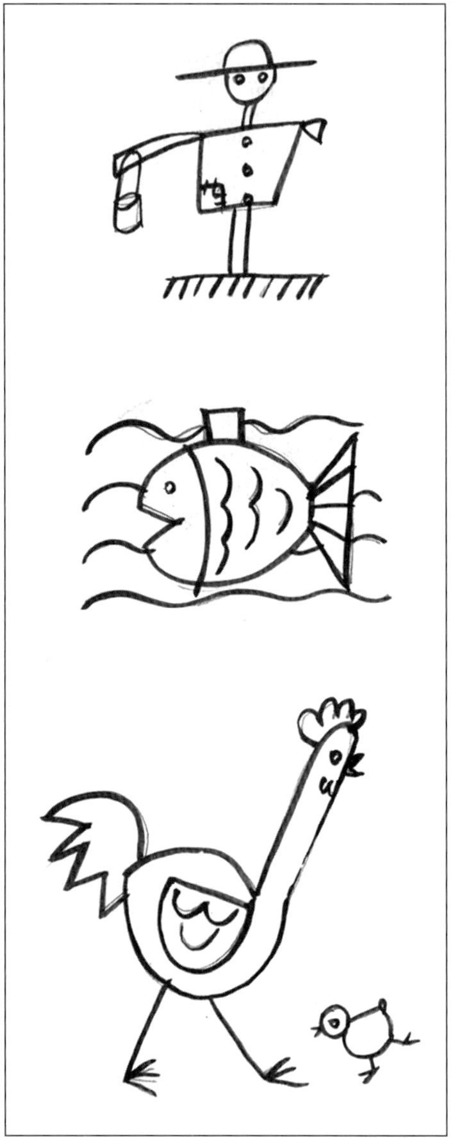

왼쪽(일반 그림) 경직되어 딱딱한 형태다.

오른쪽(치료 그림) 즐거운 감정으로 직선을 자유롭게 곡선화하여 과장시킬 때 재미있는 유머 형태가 표현된다.

풍요(너그러움)

왼쪽(일반 그림) 위축되고, 메마른 형태다.
오른쪽(치료 그림) 곡선으로 풍성하게 확대시키면 한결 여유로운 넉넉한 마음이 표현된다.

부드러움(유연성)

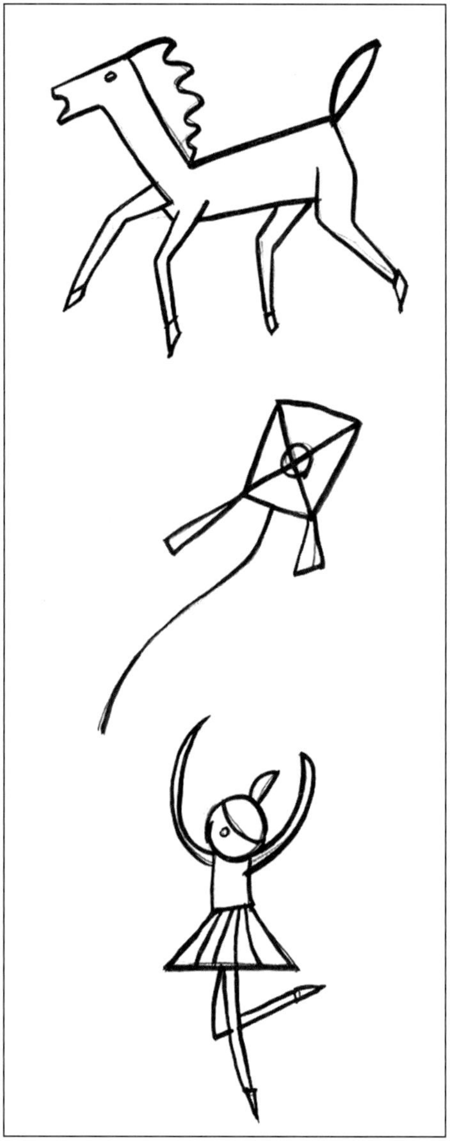

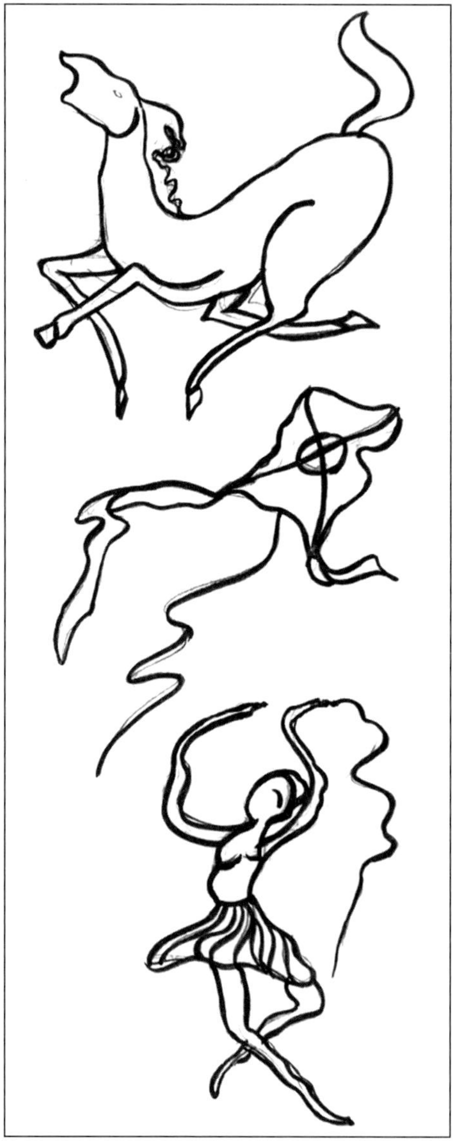

왼쪽(일반 그림) 단조로운 선들이다.

오른쪽(치료 그림) 탄력 있는 부드러운 곡선으로 변형할 때 보다 힘찬 유연성의 움직임이 표현된다.

풍요롭고 부드러우며 건강한 자연의 형태, 춤을 추는 형태

치료 형태는 바람이나 물이나 구름처럼 흐름이 자연스럽고 힘차며 부드러워야 하고, 흐름이 끊기지 않아 전체가 조하로워야 한다.

동물 그리기

학은 깨끗하고 장수를 상징하는 동물이며 신선도에도 자주 등장한다. 외로워 보이나 고고하고 엉성한 듯 유연하게 균형 잡힌 자세가 인상적이다. 치료그림에 적합하다.

해바라기의 형태는 웃고 있는 꽃과 같고
모든 것을 포용하는 따뜻함이 보인다.

풍경 그리기

치료그림은 단순하고 힘찬 동세 속에서 확산되는 빛의 형상으로 그린다. 따뜻하고 밝으며 원만한 형태로 부드러워야 한다.

색의 순환＝마음의 순환

색채치료

색 표현 = 마음 운동 = 순환

색은 순환하여 하나가 된다. 다양한 색을 마음껏 써 보는 것 자체가 치료가 되며, 다양하게 색을 쓸 때 마음이 전체적으로 운동이 됨으로써 순환하게 된다. 정체되어 있는 마음을 색으로 환기시켜 보자.

색은 마음이다

감정에 묻은 때가 색과 함께 흘러나온다. 색 그 자체는 순수하다. 하지만 색은 마음이 긍정인지 부정인지에 따라 그 성질을 달리하여 표현된다. 내 마음이 어두우면 색도 따라서 어두워지면서 내 마음을 무겁게 덧칠한다. 색은 감정을 그대로 대변하므로 내가 지금 골라 쓰는 색들은 지금 나의 마음을 이야기한다.

색과 함께 춤을 춘다

색 그 자체는 순수하다. 색의 향연은 우리를 환상과 행복으로 이끄는 힘이 있다. 생동하는 색과 함께 춤을 출 때 마음은 힘찬 원초성으로 회복된다.

조화와 균형

스스로 자신의 마음에 따라 그림을 그리다 보면 신기하게도 조화와 균형의 세계로 인도된다. 가르쳐 주지 않아도, 누구의 것을 흉내 내지 않아도 내 안에는 조화와 균형이 존재한다. 그래서 종교에서는 믿음을 중요시한다. 예술은 종교와 함께하는 창조성의 마당이다. 스스로를 믿고 줄기차게 그려 가다 보면 나만의 곡조와 흥겨움이 어우러져 너무나 멋진 세계가 펼쳐지는 것을 흔히 보게 된다.

색의 성질

	색의 긍정	색의 부정
빨강	열정	분노
누랑	사랑, 연민	분열
파랑	청결, 순수	차가움, 침체
주황	정열	산만
보라	신비	갈등
분홍	행복	우울
하양	종교성(빛)	절망, 죽음
검정	우주, 예술성	심한 스트레스, 불만

색의 성질은 내 마음의 긍정과 부정에 따라 결정된다.

주조색 치료 – 내면 강화(자신감 회복)

좋아하는 색들을 나열해 보고 가장 강렬하게 마음에 들어오는 색 하나를 찾는다. 지금의 나를 대표할 수 있고 가장 나다운 색은 어떤 색인가? 여러 색을 비교해 놓고 보면 전혀 상상하지 못한 색이 나의 대표적인 주조색이 되기도 한다.

현재 나의 색을 밖으로 드러내고 표현할 때 그림은 아주 순수하고 아름답게 표현된다. 자신만의 독특한 고유성은 아름답다. 자신의 내면을 강화하자. 현재 자신의 주조색은 온몸으로 말하는 나의 중심언어이다. 그 언어가 긍정적이든 부정적이든 일단은 밖으로 표현되는 것이 치료적이다. 그림뿐만 아니라 생활 속에서도 자신의 주조색을 과감하게 사용한다. 옷, 액세서리, 화장, 자동차, 집 등. 부정적인 주조색은 밖으로 표현되어 좋고 긍정적인 주조색 표현은 자신감을 강화시킬 뿐만 아니라 독특한 자기 개성을 찾게 한다.

주조색 치료 : 주조색 70%, 주조색의 주변색 10%, 주조색의 반대색 10%, 무채색 10%로 색을 배열한다. 주조색이 더욱 강렬하고 조화롭게 보이도록 색을 배열하는 방법이다.

주조색 표현을 자신의 주변 공간에 적극 활용하여 보자. 자신의 방벽을 과감하게 페인팅하여 활기차고, 개성적으로 꾸며 보는 것도 예술적인 삶의 시작이라 볼 수 있다.

보색 대비－변화
보색(반대색)은 서로 만나 긴장과 충돌이 발생하지만 그 속에서 상쾌함과 활기찬 변화를 느끼게 한다

동색 대비-안정
동색은 안정되고 편안함을 준다. 지친 마음을 위로하고, 느슨하게 해 준다.

제3장 1단계 : 솔직한 표현

표현의 개념

마음=기록장

잡다한 나의 생각과 고정관념, 어리석음, 오만과 편견, 그리고 독선, 케케묵어 쌓인 감정의 악취와 나날이 늘어만 가는 작고 큰 마음의 상처들, 끝없이 솟아오르는 욕망을 채우지 못해 늘 허기진 채 굶주려야 하는 나약함. 대부분의 인간이 겪고 있는 모습들이다. 결국 이 모든 것이 스트레스라는 형태로 숨막히게 나를 파괴시켜 나간다. 언제 한번 큰 소리로 세상을 호령해 본 적 있으며 행복의 노래로 삶을 찬양하고 뜨겁게 연인을 사랑해 본 적이 있나. 고작 사랑한답시고 자존심만 내세우거나 반대로 자격지심에 한없이 작아지기만 한다. 마음에 평화는커녕 종교에 속박되어 광신도의 길을 걷거나 매일 술과 담배로 자신을 달랜다. 이렇게 살아가기 힘든 세상에서 암에 걸려 죽는다면 얼마나 서글플까? 만병의 근원은 마음에 있다는데 마음에 쌓인 독소(스트레스)를 풀어 줄 수 있는 간단하고 올바른 방법을 알고 스스로를 치료하고 그리고 그것으로 남을 돕는 자가 된다면 이 시대에 가장 필요한 유능한 존재가 될 것이다.

마음은 나의 모든 것, 유전적인 것, 잠재적인 것, 과거, 상처 등을 기록한 기록장과도 같다. 더러운 기록장을 하얀 보드처럼 깨끗하게 원상복구할 수 있는지 자기 자신을 통해 그림치료를 실험해 보아야 한다.

표현=배출

마음속에 언어가 구체화되면 형태와 색이 형성된다. 색은 많은 감정들을 나타내며,

그 감정들이 더욱 독특하게 성격화될 때 형태(생각)가 형성된다. 따라서 색보다는 형태가 더욱 강력하게 존재의 성향을 띠며 생명의 구조가 된다. 나의 마음을 자연스럽게 형태와 색으로 흘러나오게 하는 것을 표현이라고 하며, 모든 부정적인 마음을 배출시킬 수 있는 매우 효과적인 마음치료의 방법이 된다.

그림은 그대로 우리의 생각이며 감정이다. 형태와 색이 곧 언어인 것이다. 독소(스트레스)에 물든 형태와 색은 다르다. 수많은 그림을 보면서 그것의 정체와 독소의 양을 터득하여 느낄 수 있게 된다. 그러기 위해 치료사는 우선 그림 그리기를 통한 자기치료과정을 반드시 거치면서 수많은 그림을 보고 느끼는 훈련 속에서 표현에 의한 배출을 분명하게 파악하고 인식해야 한다.

치료과정

부정적인 마음이 배출되면서 마음이 점차 정화되는 치료과정이 그림으로 모두 드러나 전개된다. 한두 장 그림을 그린다고 해서 치료가 이루어질 수는 없으며, 많은 표현들을 반복하면서 점차 정화된다. 어둡고 탁한 색들이 밝고 맑아지며 변질된 부정적인 형태들이 원만하고 반듯하며 사랑스럽게 표현될 때 치료과정은 일단락 되었다고 볼 수 있다.

아동을 기준으로 보면 4~5개월 정도 꾸준한 그림 치료과정을 거칠 때 그림은 달라지고 정화된다. 달라진 것은 그림뿐만 아니라 얼굴 표정, 말투, 행동 등 전반적인 인성이 달라지기 때문에 아동의 부모로부터 흡족한 반응을 보게 된다. 치료 후에는 일반적인 그림 그리기를 하며 지속적인 감성의 순화작업을 해 나가면 더욱 바람직하다.

치료환경

음악은 마음을 흐르게 한다. 육체와 마찬가지로 마음도 정체가 되면 병이 나고, 활성화되어 움직일 때 건강하다. 치료실은 조용한 음악이 흐르고, 신선한 공기와 적당한 온도를 유지하며 자연이 풍성한 곳에 위치하면 더할 나위 없을 것이다. 그러나 어떠한 치료환경보다 더 중요한 것은 치료사의 마음이다. 밝고 맑은 치료사의 마음은 내담자의 마음을 움직인다. 흐르며, 운동하는 것이 치료의 원리다.

느끼기

감정을 머리로 분석하거나 이해할 수는 없다. 이해한다 하여도 표면적일 수밖에 없다. 감정은 가슴으로 느껴야 하며 아픔을 함께 나눌 수 있어야 한다. 치료사는 그림 속에 펼쳐진 내담자의 마음을 가슴으로 절절히 느껴야 한다. 그것이 판독법(그림 진찰)이며 눈으로 보고 가슴으로 느껴 상처를 함께하는 것이 그림을 통한 마음치료이다.

표현치료법 I, II

표현치료법 I은 낙서화(감정 표현)이고 표현치료법 II는 상상화(생각의 자유)이다. 표현치료법 I을 통해 부정적 감정을 배출하고 표현치료법 II를 통해 자유롭고 긍정적 생각으로 변화하는, 그림으로 마음을 치유하는 방법이다.

표현치료법 I(낙서화)은 자신의 감정에 따라 낙서함으로써 부정적 감정이 배출되면 결국 그림은 자기 자신의 모습을 찾아가게 된다. 형태의 세계가 펼쳐지는 표현치료법 II(상상화)에서 자신의 개성이 우러난 자유로운 형태를 표현할 수 있는 것은 얼마나 표현치료법 I을 솔직하고, 충실하게 연마하였느냐에 따라 판가름이 난다. 표현치료법 I, II는 예술로 향해 가는 길이며 동시에 자신의 내부에서 기운생동(氣運生動), 즉 면역력과 만날 수 있게 됨으로써 그림으로 면역력을 활성화시키는 치료방법이 된다.

솔직한 화가들

고흐
귀를 자른 자화상(부분, 1989. 1), 캔버스 유채, 59×47cm

화가들의 내면여행

고흐－화가들이 자기 자신을 표현하기 시작했다. 보이는 것을 충실하게 그리거나 종교적인 세계를 그려야 했던 화가들은 눈을 자신에게 돌려 자신의 감정에 충실하고 내면의 신비와 아름다움을 찾는 데 눈을 뜬다.

광기, 몰입 … 천재성, 창조성

순수한 화가는 너무나 빛나는 광야와 만난다. 작은 한 생명체가 감당하기에는 벅찬 세계가 그에게 펼쳐진다. 그것이 창조성이다. 기차에서, 카페에서, 들판에서 닥치는 대로 그리는 행위가 몰입이다. 몰입은 자기 자신을 잊게 하며 일원성의 세계인 창조성과 만나게 한다. 그 만남이 행복이기에는 너무나 크고 광활하기 때문에 아직 성숙하지 못한 화가는 미쳐 버리고 만다.

순수한 화가는 솔직하고 진솔하며, 펼쳐진 세상을 사랑한다. 그는 뜨거운 가슴속에서 그림을 통해 창조성과 만나지만, 작은 영혼의 화가에게 웅장한 창조성은 엄청난 광기로 체험되는 것이다. 고흐는 자신의 감정에 충실하였으며 그 감정을 표현하기 시작한 대표적인 작가이다.

화가의 길은 외롭다. 타고난 고독이 그들에게 내려진 운명이다. 고독 속에서 개성은 보호될 수 있으며 개성 속에서 피어난 꽃은 예술로 승화된다. 슬픔은 밖에 있는 소녀에게만 있는 것이 아니라 그것을 그리는 고흐의 가슴에서 더욱 많이 흐른다. 고통이 예술가의 길이나. – 향기

고흐, 슬픔(1882), 연필스케치

고흐, 생레미의 정신병원(1989), 캔버스 유채,
73.5×92cm

불같은 성격의 고흐는 뜨거운 감정에너지를
거친 터치로 폭발하듯 그려냈다.

고흐, 고흐의 방(1988. 10), 캔버스 유채, 56×74cm

발견자

죽은 뒤에 대중에게 큰 사랑을 받게 된 화가일지라도 어찌 보면 자연의 작은 희생양일 수 있다. 불행한 인생을 살며 빛나는 예술을 펼쳐 보인 화가들에게서 가슴 벅찬 감동을 느끼는 것은 그들의 발견이 진실되기 때문이다. 진정한 아름다움은 화가들의 가슴뿐만 아니라 대중의 가슴속에도 있다. 화가는 그것을 발견한 발견자일 뿐이다. 솔직한 표현은 그림의 시작이며, 나 자신과 대화할 수 있는 표현의 창구가 된다.

객관적인 자연의 풍경이나 인물을 사실적으로 그리던 화가들이 자신의 주관적인 감정의 세계에 눈을 돌리기 시작한 시발점은 19세기 후기인상주의다.

고갱, 타히티의 목가(1983), 캔버스 유채, 86×113cm

후기인상주의Post-Impressionism

고흐Vincent van Gogh(1853~1890)

자연의 즉각적인 리듬과 에너지를 포착하여 자신의 감정을 원색조의 강렬한 터치로 표현하였다.

고갱Paul Gauguin(1848~1903)

원시적인 신비감과 생명력을 표현하였으며, 감각적인 눈보다는 마음의 눈을 절실히 추구한다.

원초성은 인간 내면의 가장 밑바닥에서 신비롭게 내뿜이지는 원시적 야생성이다. 고갱은 타히티 섬에 살면서 원초성을 구현했는데, 고갱의 원초성은 예술 안에서 종교와 만나며 더욱 신비롭게 표현되었다. 또한 화가는 자신의 빛나는 개성과도 만나다.

> "타히티로 떠나는 것은 평안을 찾아 떠나는 것입니다. 문명의 영향에서 벗어나기 위해서죠. 제가 원하는 건 다만 단순한, 지극히 단순한 예술입니다. 세상의 의무에서 벗어나 때 묻지 않은 자연의 원시상태로 돌아가서 어린아이처럼 오직 원초적인 예술의 기법과 선(善)과 진실만을 머릿속에 담고 살아야 해요."
>
> —고갱의 인터뷰 중에서

앙리 마티스, 춤(1910), 캔버스 유채, 550×363cm

야수주의Fauvism

20세기 초 프랑스에서 일어난 야수파는 창조적 에너지의 생생한 구원을 순수한 시각으로 탐구하고 회화적 자율성과 개인적 표현에 몰두하였다.

마티스Henri Matisse(1869~1954)

순수한 색감을 사용하고 창조적인 형태를 단순화하였다.

뒤피Raoul Dufy(1877~1953)

자유롭고 화려한 색채와 형태로 장식적인 화면을 구성하였다.

루오Georges Rouault(1871~1958)

그로테스크하면서도 엄숙함이 깃든 굵은 선과 중후하고 독특한 재질감을 활용하였다.

화가들은 그림 속에서 자유를 발견한다. 그림은 마음이다. 마음은 순수하기도 하고, 자유롭기도 하다. 그것은 나의 어린시절을 떠올려 보면 쉽게 기억할 수 있다. 마티스는 어떤 것에도 얽매이지 않고 자신의 리듬에 따라 즉흥적으로 그림을 그렸다. 그림은 자유로운 삶이다.

생각은 나를 고립시키기도 하고 감정은 상처받아 나를 힘들게 한다. 세상이 나의 생각과 감정 속에 있다. 세상을 등진 화가는 영혼 속에 산다. 생각은 나를 가둘 수 없으며 감정은 나를 괴롭히지 못한다. 샛별처럼 반짝이며 자유가 무엇인지 모른다. 속박이 무엇인지 모르기 때문이다. –본능

표현주의Expressionism

20세기 초 독일, 오스트리아를 중심으로 전개된 표현주의는 고갱과 고흐의 영향을 받았으며 감정과 감각을 직접적이고 과감하게 표현하였다. 선, 형태, 색채 등은 표현을 위하여 사용하면서 특히 주제와 내용을 강조하기 위해 형태를 자유롭게 왜곡시켰다.

인간의 감정은 눈에 보이지 않으나 운동과 변화 속에 있다. 그 운동은 선의 운동처럼 변화한다. 따라서 감정을 표현할 때 격렬한 선, 자유로운 형태, 다채로운 색으로 펼쳐낸다. 화가는 감정을 쏟아 내기 시작했다. 그들은 사회에서 억눌린 대중의 감정을 대변하듯 폭포처럼 자신의 감정을 캔버스에 분출한다.

뭉크, 절규(1893), 템페라화, 83.5×66cm

공간=평화

화가는 그 무엇에도 물들지 않은 인간의 순수한 감정이나 느낌 그 자체만을 그리기 시작했다. 그것을 추상이라고 하며, 화가는 그 느낌 속에서 텅 빈 공간을 발견하고 비어 있는 가운데 내적 질서가 존재함을 깨닫는다.

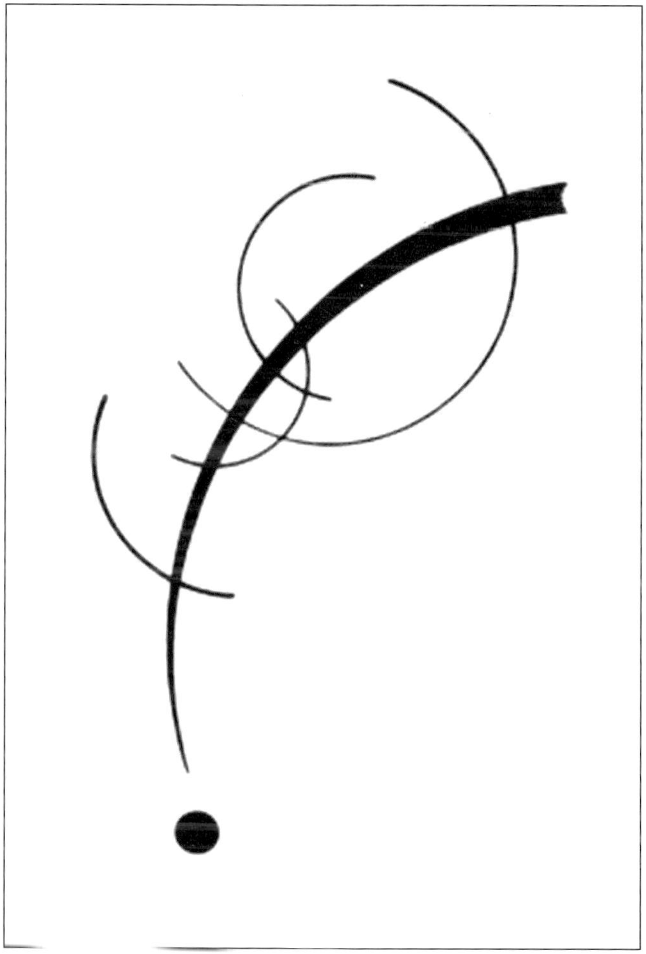

칸딘스키, 저서 『점 · 선 · 면』의 삽화

액션 페인팅Action Painting

잭슨 폴락, 넘버 1A, 1948

화가는 커다란 화폭을 바닥에 놓고 그 주변이나 그 위를 걸어 다니면서 깡통에 들어 있는 물감을 막대기에 묻혀 떨어뜨리거나 흘려서 그린다. 화가의 움직임에 따라 그 행위들이 화면 위의 자국으로 표현된다. 그리하여 마음, 정신, 눈, 손 그리고 물감과 화면이 밀접하게 결합되며 행위 속에서 나는 하나가 된다.

> 내가 내 그림 속에 있을 때 나는 내가 무엇을 하고 있는지 모른다. 내가 그동안 무엇을 하고 있는지를 알게 되는 것은 그 상황에 익숙해진 후에야 가능하다. 그림은 그 자체의 삶을 가지고 있기 때문이다. 나는 그림의 삶을 드러나게 하려고 노력한다. 그때 순수한 조화, 즉 편안한 그림과의 상호 관계를 통해 그림이 바람직하게 만들어져 나온다.
>
> –잭슨 폴락

화가는 자신의 진정한 자아에 대하여 성찰하기 시작하며 해방의 세계로 나아간다. 의식 너머 초자연의 세계와 마주하고 스스로를 불태우는 개척자이다. –몰입

감정 표현법 – 낙서화

형태 없는 낙서

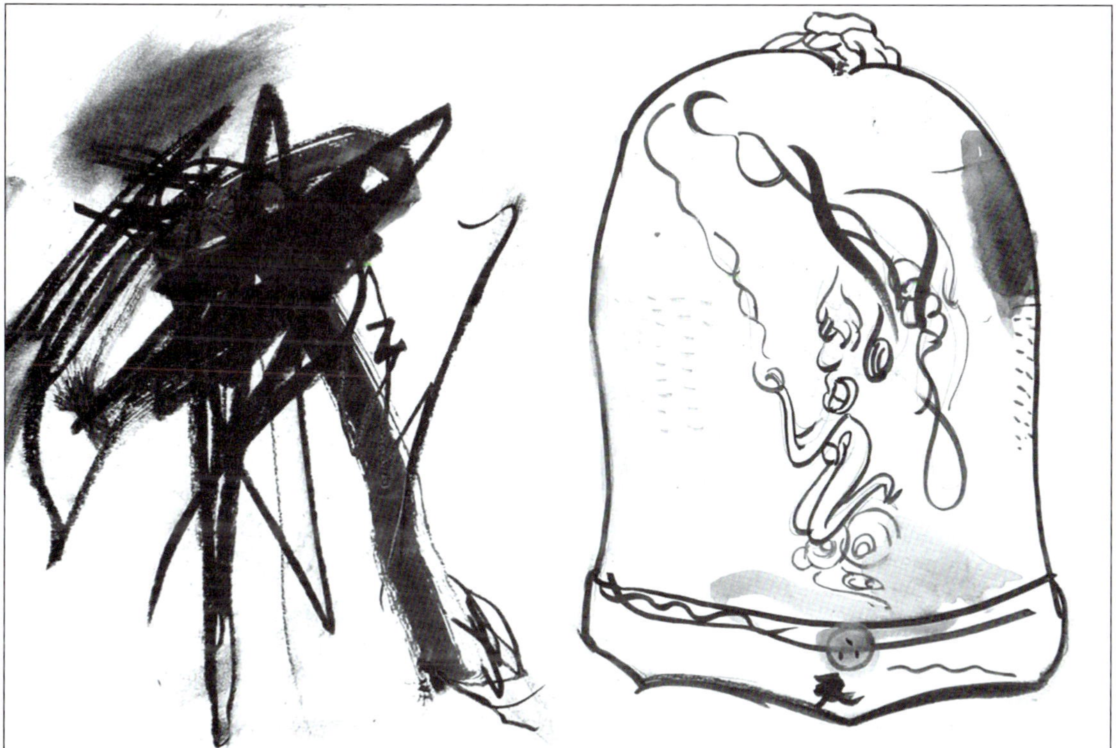

야수의 폭발에서 (부정) → 천상의 춤까지 (긍정)

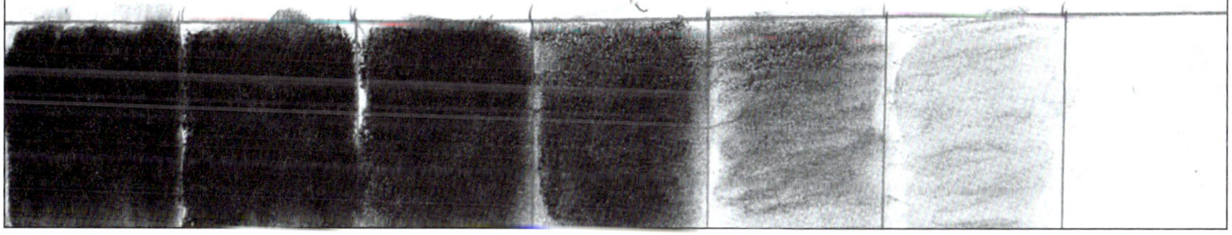

감정 표현이란?

거친 감정에서 부드러운 감정의 세계로 이어지는 표현의 춤이며 마음 그리기이다. 감정은 형태가 구체화되지 않은 희(喜), 노(怒), 애(哀), 락(樂)의 세계다. 물 흐르듯 흘러가는 세계이므로 색과 흐름의 형태로 표현된다. 감정은 마음의 병이 시작되는 곳이고 마음을 치료할 수 있는 곳이기도 하다. 감정 표현은 미술치료의 꽃이다.

치료사는 부정의 골짜기에서 천상의 감정까지 모든 감정을 표현할 수 있어야 하며 감정을 넘어서 있는 기운생동(영성)의 표현까지 추구하여야 한다. 낙서화는 미술치료의 긴 여행에 타고 갈 배와 같다. 미술치료에 입문하고, 예술과 치료의 세계를 탐험하기 위해 이 배와의 꾸준한 항해는 필수적이다.

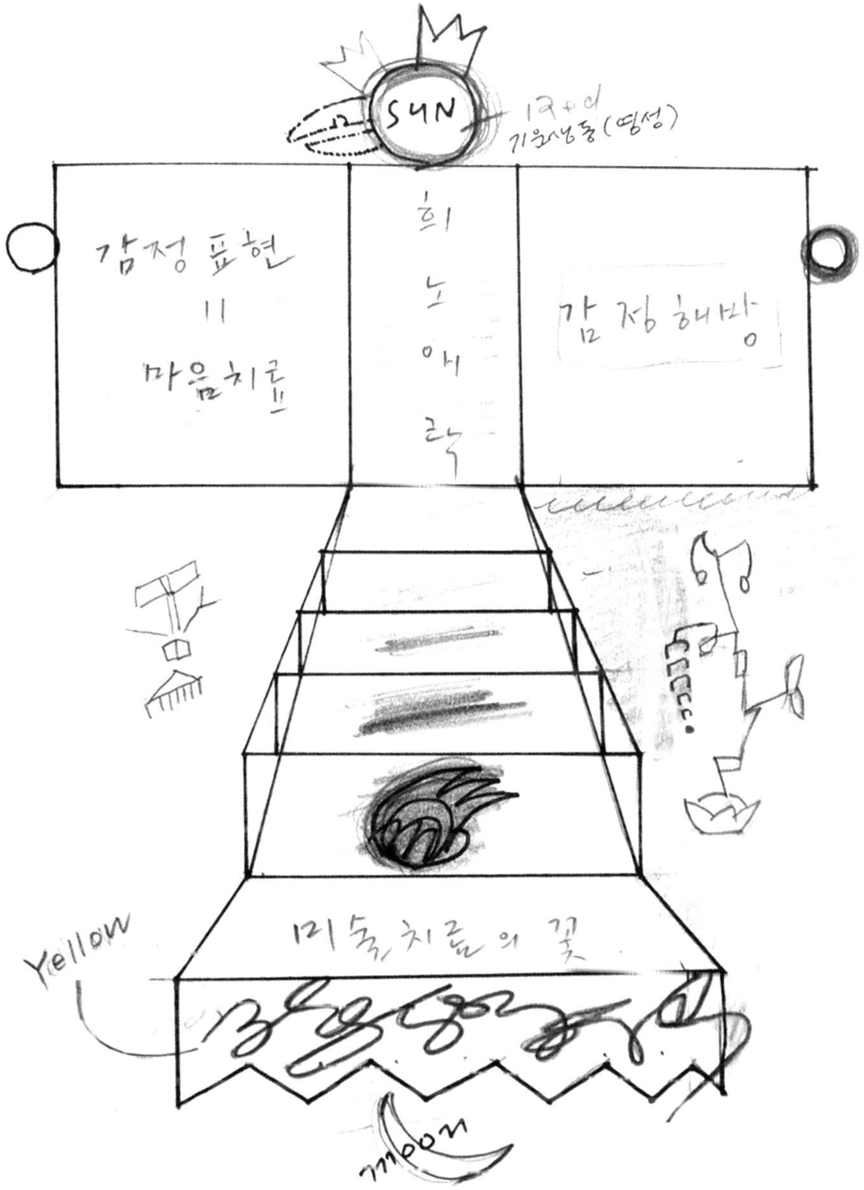
SUN
감정 표현
=
마음치료
희
노
애
락
감정해방
미술치료의 꽃
Yellow
moon

Oriental Mind

아주 어린 아동의 낙서에는 형태가 나타나지 않는다.

표현치료 그림법 I–동양 미술치료의 핵심

낙서화–솔직하고 거침없이 그리기

그림을 보고 분석하기만 해서는 미술이 치료 기능을 다했다고 볼 수 없다. 그림 그리기를 통해 분명한 치료의 효과를 얻을 수 있는 표현 방법을 찾아내고 그 원리를 이해하는 것이 매우 중요하다. 그림으로 마음을 치료하는 방법은 단순명료하게 전개되어야 한다. 내담자가 어떤 감정으로 스트레스를 받고 있는지 그림으로 파악한 후 집중적으로 나타난 부정적 감정을 낙서를 통하여 배출시킨다. 감정이 배출되는 전 과정을 파악하고 내담자의 그림과 마음이 긍정으로 바뀌면 치료는 종결되는 것이다.

문제는 치료사가 내담자의 그림을 분명하게 읽을 수 없다는 것이 치료를 불투명하게 이끈다. 따라서 치료사는 그림 그리기를 통해서 치료할 수 있는 그림치료 전문의 특성을 갖추어야 한다. 그 특성은 ① 현재 그림에 나타난 스트레스가 어느 정도의 양이며, 얼마나 깊게 쌓인 상처인지 판단할 수 있어야 한다, ② 그림을 통해 배출되는 스트레스 해소 전 과정을 낱낱이 읽을 수 있어야 한다, ③ 치료가 되면서 그림이 부정의 상태에서 긍정의 그림으로 옮겨 가고 있는 것을 확인할 수 있어야 한다. 그러기 위해 치료사는 마음의 긍정과 부정의 특성을 그림으로 모두 파악해야 되므로 철저한 감정 드로잉의 수업을 거쳐야 한다. 치료가 단순명료해지려면 그만큼 치료사는 각고의 노력이 필요하다. 치료는 확신 속에 이루어져야 한다. 동양 미술치료는 보다 단순하고 강력하다. 치료의 주체가 치료사로서 가슴이 열린 솔직한 치료사에 의해 내담자는 마음이 자연스럽게 열리고 그에 따라 내담자는 솔직하고

동양 미술치료의 핵심

가슴 열기
가슴이 열린 솔직한 치료사로 인해 ⇩ 내담자가 마음이 열린다.

영성치료
영적인 강력한 치료사로 인해 ⇩ 내담자가 어두운 감정을 뱉어낸다.

거침없이 그림을 그리며 자신의 부정적 감정을 배출한다. 그때 영적인 강력한 치료사의 영향권 안에 있으므로 어두운 감정의 치료효과는 증폭되는 것이다.

강력한 치료사는 낙서화를 무수히 그려 그림으로 자신의 감정을 정화시킬 수 있고 긍정과 부정의 그림, 영적인 그림을 파악하고 있어야 한다. 또한 자기수양이 확실하여 자신의 감정과 영성이 맑고 밝아야 한다.

감정 표현의 원리

낙서화는 미술치료의 시작이자 끝이라고 할 수 있다. 치료사는 끊임없는 학습이 필요하다.

낙서화 – 생각(형태) 없이 그리기

낙서화는 아이들이 가장 잘 그린다. 아장아장 걸을 때부터 아이들이 벽에다 낙서하는 모습을 흔히 볼 수 있는데, 그들의 그림에는 어떤 특별한 내용이 없다. 아직 생각의 세계가 자리 잡혀 있지 않기 때문이다. 이렇게 생각 없이 마구 그려 대는 것이 낙서이다. 화면 앞에서 아무 두려움 없이, 무엇을 그릴 것인가 하는 생각도 없이 손 가는 대로, 마음 가는 대로 그림에 나 자신을 맡겨 보자.

생각(형태)에서 감정(흐름)으로의 마음 이동

아이들은 생각이 정립되어 있지 않기 때문에 감정적이다. 무언가를 골똘히 생각하는 아이는 드물다. 즐거우면 웃고, 화가 나면 떼쓰는, 철없는 아이들은 주로 감정과 욕망 속에 산다. 억누르지 않는 한 아이들의 감정 표현은 자유롭다. 그러나 성인이

되면서 생각이 정립되고 주로 생각 속에서 많은 시간을 보낸다. 성인은 틀에 박힌 생활 때문에 감정 표현이 힘들어지는데 그림으로 감정을 표현하기는 더욱 어렵고 막막하다.

감정을 표현하는 방법은 아이들처럼 아무 생각이 없는 가운데 낙서를 해야 한다. 생각이 없는 그리기 행위 속에서 마음회로는 점점 생각에서 감정으로 이동하게 된다. 생각은 형태의 세계이다. 구체화된 것을 분별하는 세계이므로 형태가 없는 낙서를 할 때 형태가 구체화되지 않는 흐름뿐인 감정의 세계로 마음이 이동하고 새록새록 지난 감정이 떠오르며 감정이 표현된다.

감정 배출

시간이 흐르면 그림에 감정이 묻어나면서 온갖 감정이 배출되기 시작한다. 감정은 조용하기도 하지만 상처 입은 감정은 격렬하다. 괴성처럼 아픔이 그림을 진동한다.

표현방법

낙서화는 거칠고 과감하게 그린다. 마음속에 파묻힌 감정들을 내뱉어야 하기 때문이다. 굳이 자신의 부정적인 감정을 끄집어 내겠다고 생각할 필요는 없다. 생각의 회로에서 감정의 회로로 옮겨지면 자연스럽게 붓을 따라 거칠게 춤을 추기만 하면 된다. 그때 감정이 배출되고 해방되기 시작한다. 부정적인 감정이 배출된 후의 그림은 한결 편안하고 밝고 맑다.

감정은 배출된다. 배출=회복

배출(부정)

배출 후의 그림(회복 과정)

전장의 장수처럼 거침없이 그린다.

power 표현

해방

탈출

공격

Power

동양 미술치료의 기능(단순성)

그림에 표현된 문제점을 너무 세밀하고 복잡하게 분석하지 말고 단 한 가지 부정적 감정의 문제로 압축하고 단순화시켜 파악한 후에 집중적으로 문제의 감정이 그림으로 배출되도록 내담자를 돕는다.

특정 감정의 배출

어느 시점에 특별히 쌓인 고질적인 감정을 배출할 때는 그 시점으로 돌아가 생각의 단추로 그때의 감정을 부르고 낙서화를 시작한다. 생각은 어떤 상황이든 접속되는 기능을 갖고 있다.

해방

- 슬픔, 우울, 죄의식, 두려움, 고통, 미움, 분노, 증오, 원한의 어두운 마음을 밖으로 버려 해방시킨다.
- 긍정적인 사고, 기쁨, 행복, 신뢰, 희망, 만족, 평화, 사랑, 밝은 마음을 드러내고 해방시켜 나를 밝게 한다.

치료 마인드

내담자의 부정적인 마음을 느끼고 이해하여 치료할 때 치료사의 마음은 최대한의 긍정적인 마음을 갖추어야 한다.

낙서화를 통한 치료 그리기 방법

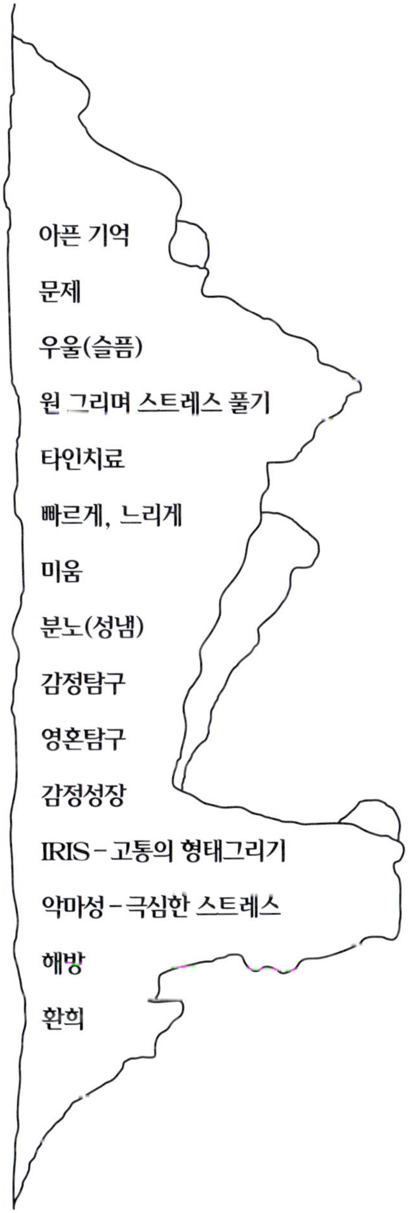

아픈 기억

특히 어린 시절의 아픈 기억은 성인이 되었을 때까지도 부정적 영향을 준다. 반드시 그림으로 풀어내야 한다.

아픔(16세, 여)–집안 경제 사정의 악화로 불만에 빠졌던 어느 소녀의 상처

공포(5세, 남아)–엄마 뱃속에 있을 때 집에 불이 났다. 엄마의 공포가 태중의 아들에게 그대로 전해진 것 같다. 이 아이는 매사에 겁이 많고 잘 놀란다.

문제

현재 골치 아픈 문제를 놓고 낙서를 해 보자.

어떤 골치 아픈 문제를 해결하려 할 때 나의 감정이 어떤 상태인지 느껴 보면 대부분 감정이 복잡하거나 어두울 것이다. 이러한 감정 상태에서는 해결의 실마리를 풀기가 힘들다. 골치 아픈 문제에 대한 감정을 먼저 그림으로 해소하고 문제에 다가가 보자. 밝고 편안한 감정일 때 새로운 해결의 아이디어가 떠오른다.

⑤ 감정의 정돈

재료 : 크레파스, 수채물감, 켄트지

우울(슬픔) - 초기 우울증 치료

재료 : 크레파스, 수채물감, 켄트지

우울한 감정을 떠올리고 손 가는 대로 그려 보자.

여주 남한강을 바라보며 치료실을 운영할 때이다. 남한강변에 살던 도자기를 만드는 분이 찾아왔다. 심한 우울증이란다. 자신뿐만 아니라 남편, 아이들까지 자살 충동이 심하다고 하였다. 환경은 사람을 지배한다. 물은 나를 끌어당기기도 하고, 마음을 가라앉히기도 하고, 하염없이 흘러가게도 한다. 물의 성질과 시각적 상황에 영향을 받았다고 볼 수 있다. 나의 마음에 각인된 우울의 흐름을 비 오듯 그려 밖으로 표현해 버리는 것이 효과적이다.

원 그리며 스트레스 풀기

자신의 스트레스에 아주 솔직하게 접근해야 한다. 주위에 아무도 없어 마음 놓고 소리 지르듯 연필이 부러져라 거칠게 그려 댄다. 재료는 주위에 있는 어떤 것이라도 좋다. 비교적 튼튼한 도구로 마음 놓고 그릴 수 있도록 한다.

솔직하게 그릴 때 일그러진 원이 나오며(그림 ①) 시간이 지날수록 일그러진 형태는 원형의 바른 모습이 되고 색도 밝아진다. 색과 형태가 아름다워질 만큼 그렸을 때 스트레스가 풀렸다고 볼 수 있다(그림 ⑤).

①

②

③
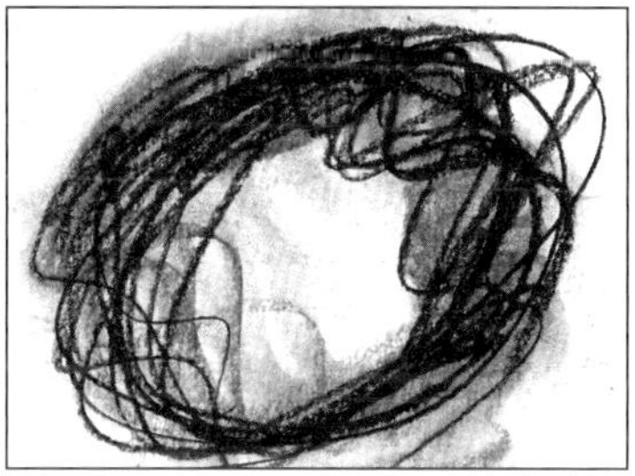

④
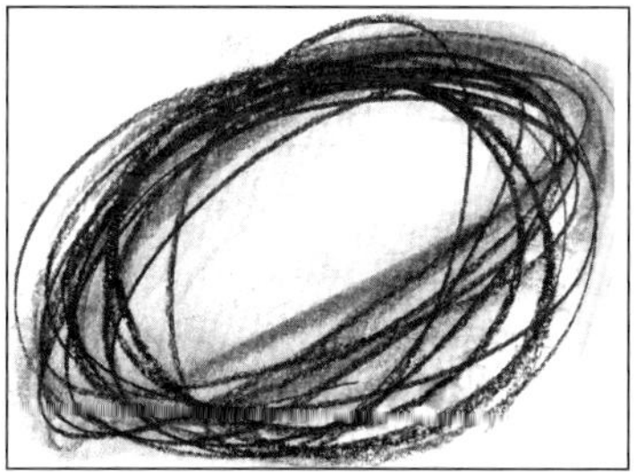

⑤
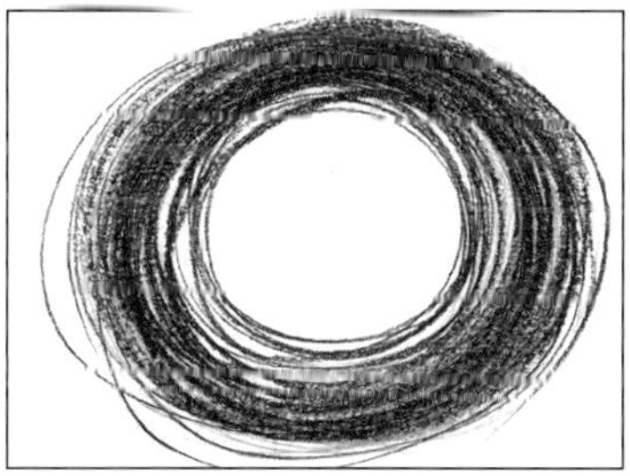

재료 : 4B 연필, 콘테, 켄트지

타인치료

자기 자신을 치료할 수 있는 만큼 남을 치료할 수 있다. 우리의 마음은 거리에 상관없이 타인에게 전해질 수 있다. 타인의 아픈 마음을 낙서로 치유할 때의 과정은 ① 발산, ② 낙서를 통해 타인의 아픈 마음을 느껴 밖으로 내보내고 ③ 좋은 상황을 느끼면서 낙서하여 치유하는 것이다. 초보 치료사인 경우 가급적 가까운 친족에게만 한정시켜 치료하고 실험해 보자.

① 발산

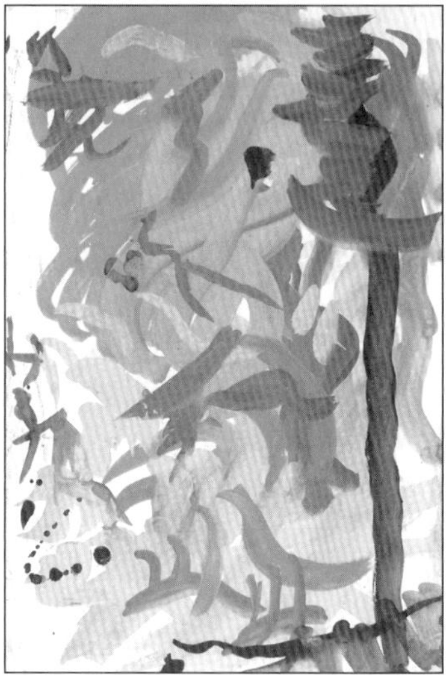

② 낙서

③ 좋은 상황(바다, 평화, 풍요, 산, 안정, 도약, 태양, 힘, 에너지, 용, 자신감, 영혼, 치유, 신, 사랑, 꽃, 희망) 느끼기 –안정

빠르게, 느리게

드로잉을 빠르게 하여 소근육과 대근육을 움직이면 온몸이 흔들리며 스트레스가 풀린다. 반대로 속도를 느리게 했을 때는 몸속의 기가 운동이 되며 심신의 조화와 안정을 가져온다. 스스로 실험해 보고 치료활동에 적용하도록 한다.

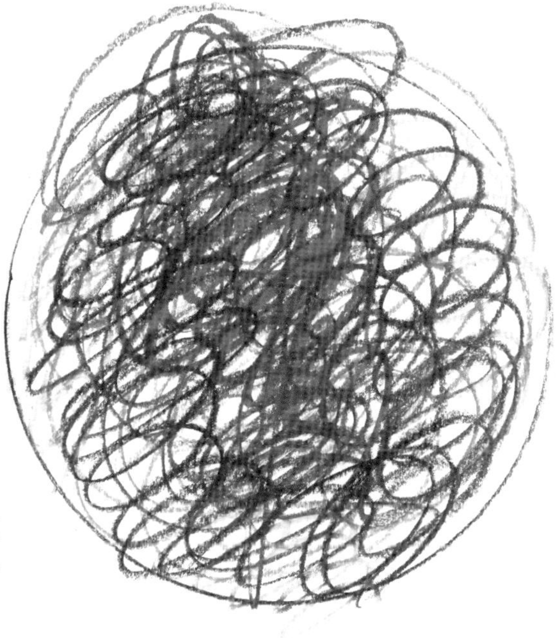

낙서를 빠르고 거칠게 할 때는 감정이 표현되어 마음의 독이 밖으로 배출된다.

낙서를 느리게 할 때는 마음이 운동이 되어 안정된다.

도형치료 – 계속 이어서 천천히 반복해서 그린다(안정).

재료 : 4B 연필, 콘테, 켄트지

미움

미운 사람 얼굴 그리기와 낙서

스케치북 양면을 함께 사용하여 그린다. 먼저 미운 사람 얼굴을 그리고 그 감정을 낙서를 통하여 표현한다. 치료현장에서 활용하여 보자.

용서

미움의 상대를 용서하며 낙서한다. 용서할 때의 그림은 어떤 마음이 표현되는지 주의 깊게 살펴보아야 한다.

재료 : 4B 연필, 크레파스, 수채물감, 켄트지

분노(성냄)

화산을 그리며 끓어오르는 분노의 감정을 표현해 보자. 분노와 원망은 감정의 가장 극단적인 상황이며 이러한 감정이 현실로 행동화됐을 때 자신은 물론 사회에 끼치는 영향이 크다. 비교적 많은 사람의 그림에서 볼 수 있으며 자신이 기억 안 되는 잠재적 감정이라도 그림으로 표현하여 밖으로 내보내야 한다.

재료 : 4B 연필, 콘테, 켄트지

감정 탐구

①

②

③

④

감정 : 색/온도/속도
① 희 : 노랑/따뜻하다/가볍고 빠르다.
② 노 : 빨강/너무 뜨겁다/질풍 같다.
③ 애 : 파랑/차갑다/느리게 처진다.
④ 락 : 초록/신선하다/느린 듯 흥겹다.

영혼 탐구

감정과 영혼의 탐구

탐구는 강렬한 행위이다. 전쟁에서 탐색으로 중요한 정보를 얻는 것처럼 탐구란 진실을 향해 가는 뜨거운 노력이다. 감정과 영혼에 색, 온도, 속도가 있다면 어떻게 구분될까? 각자 다르게 느껴지겠지만 마음치료사는 관심 있게 살펴야만 한다. 탐구란 느끼는 것이다. 영혼은 그 세계에 대한 설명만으로 그것이 무엇인지 모른다. 영혼이 있나면 그 세계는 감정을 치유하는 장소일 것이다. 인간의 감정을 넘어서 보다 섬세하고 따뜻하며 광범위하고 강력한 그 세계는 탐구의 대상이다. 나의 영혼은 어디에 있을까?

영혼 : 색/온도/속도
푸른색/깊은 느낌의 차가움/느리다

감정 성장(극도의 우울증 극복을 위한 드로잉)

인생은 그림이다. 나는 매일매일 나의 마음속에 그림을 그린다. 빛을 받은 그림은 내 안에서 밝게 성장하지만, 어둠 속에 있는 그림은 어둡게 자라난다. 지금 나는 나의 인생을 창조한다. 그것이 현실이다.

①

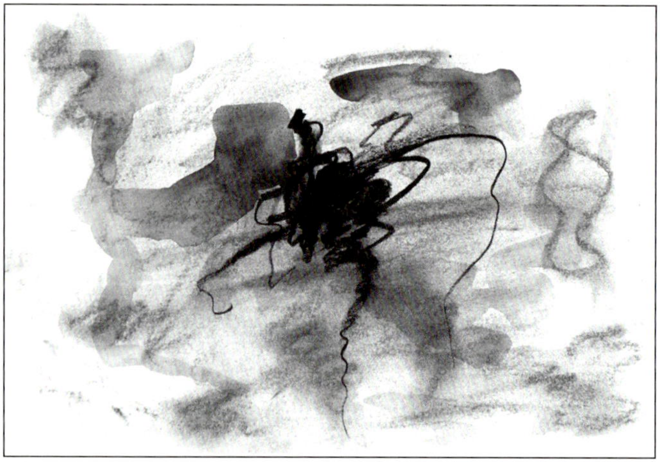
②

③

어두운 나의 감정 형태 만들기

자유로운 낙서 위에 나의 감정을 구체적으로 형태화해 본다.

① 어두운 감정은 마음속에서 태어난다.

② 쌓이고 쌓여서 형태가 모이면 무언가 존재하는 듯하고 말을 할 것만 같다.

③ 그는 많이 성장했다 어두움의 화신 같다. 때로는 소리지르고 울며 내 가슴을 친다. 감정은 존재가 되었다.

④ 공포 … 그는 악마처럼 한 생명체가 되어 나를 지배하기 시작한다. 내 인생은 어두워지기 시작한다. 그를 그림을 통해 배출하여 버려야겠다.

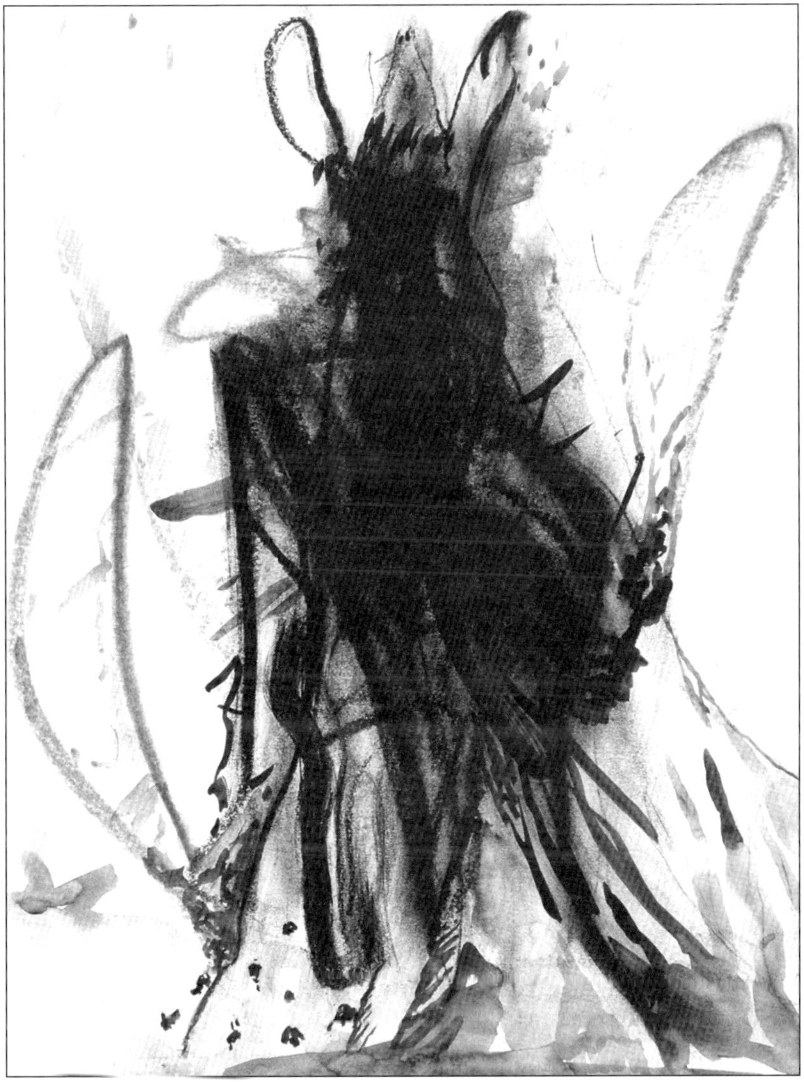

④

IRIS - 고통의 형태
<자신 바라보기>
① 살인하지 말라 ② 간음하지 말라 ③ 도둑질하지 말라 ④ 거짓말을 하지 말라
나의 성품은 어떤 경향이 가장 강할까?
① 살인
말, 눈빛, 행동으로 남을 해치고 짓누른다
② 간음, 지나치게 탐닉했을 때 허물어져 가는 형태처럼 자신을 망가뜨린다.

고통
고통이란 신의음성이며
신이 나를 부르는 소리다
신과 하나가되는 그날까지
들려오는 소리다.
③도둑
도둑과 거짓의
형태는 꼬이고 꼬여
헤어나갈길 없는 미궁의
인생을 창조한다.
④ 거짓말
인생을 험하게 살아나가는 형태들이다
걸러내고, 짓누르며, 지나치게 탐욕하거나
교활할때 형태는 흉하고, 복잡해진다. 그러한
형태를 고통의 형태라고 한다

고통과의 정면승부

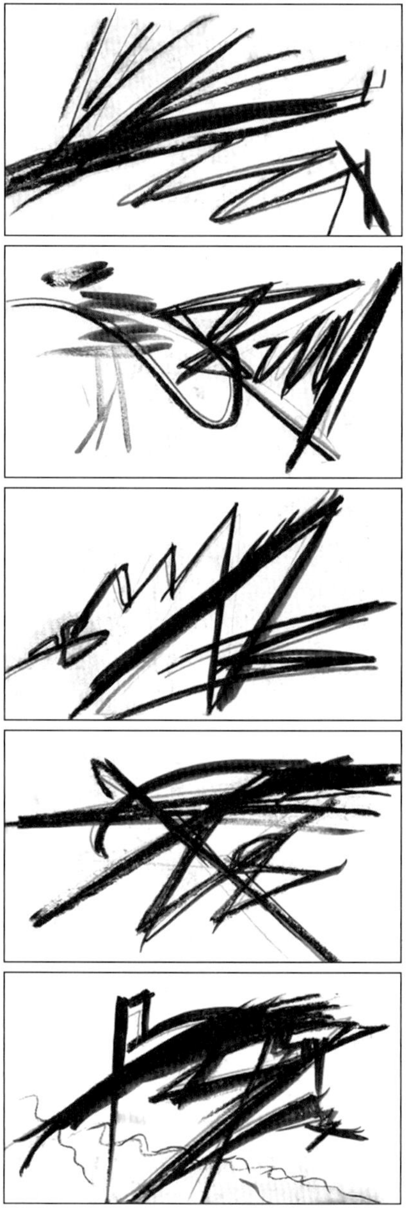

살인－형태가 칼로 자르듯 과격하고 냉정한 직선의 형태

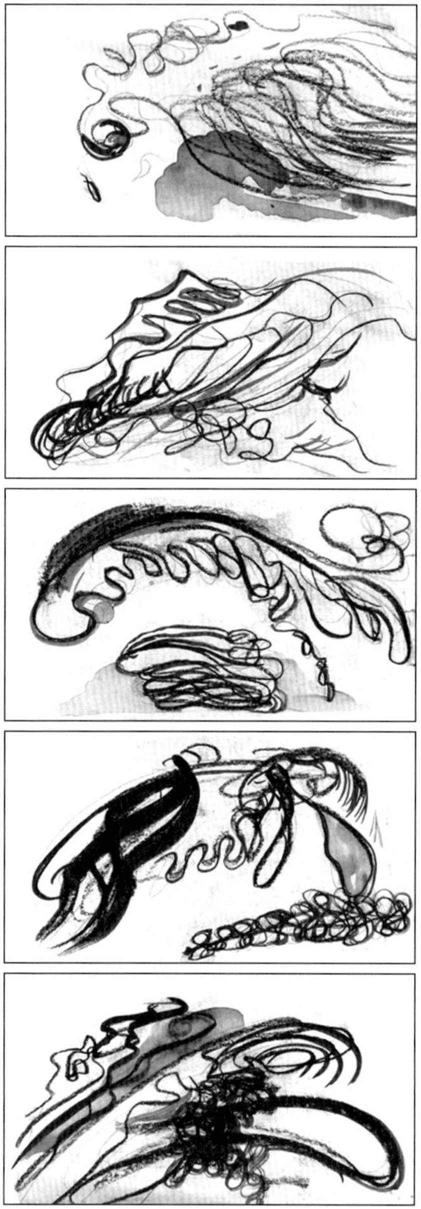

간음－형태가 흐느적거리며 물 흐르듯 축축하게 꼬여 가는 듯한 형태

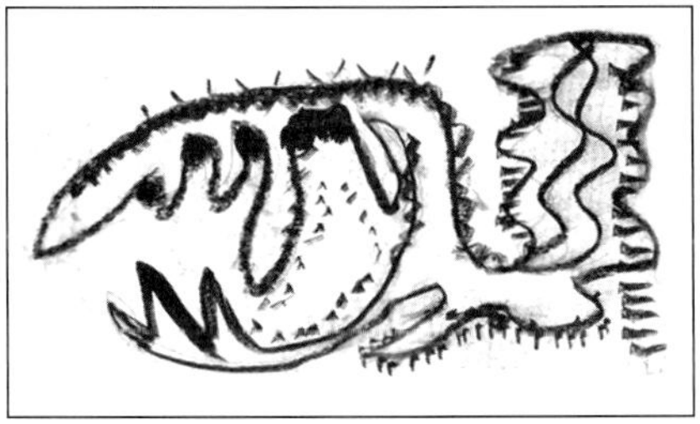

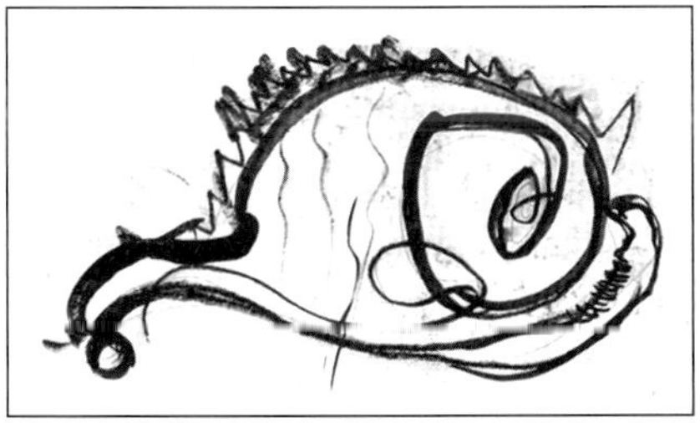
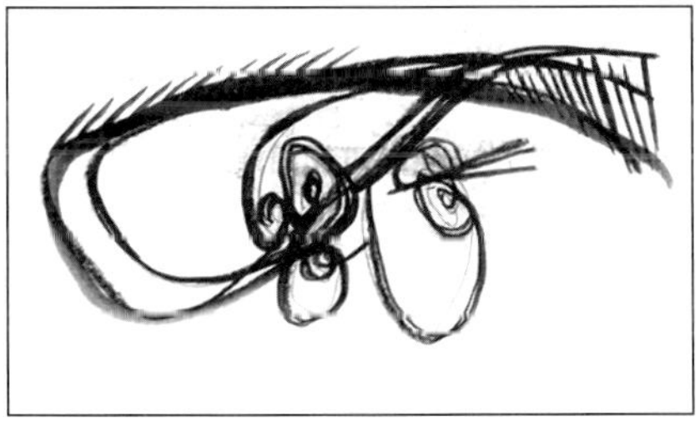

도둑-무언가를 끌어 낭기내 숨기는 흉하고 거친 형태

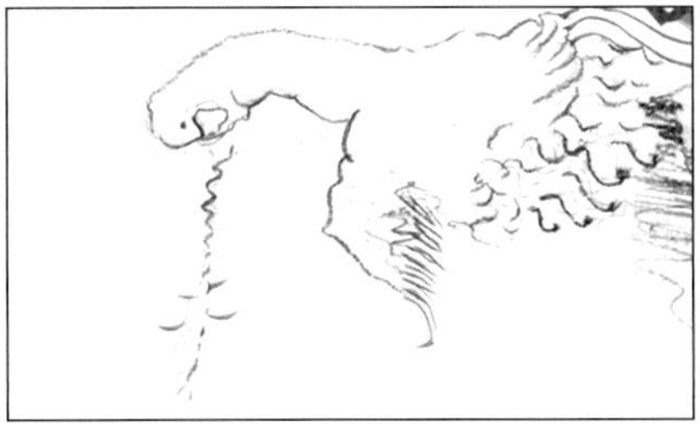
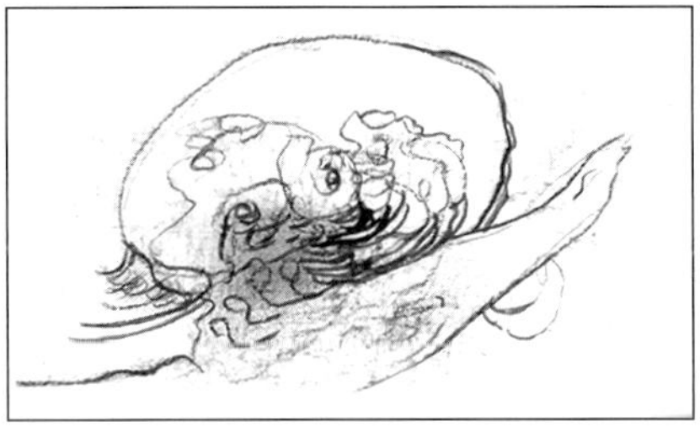

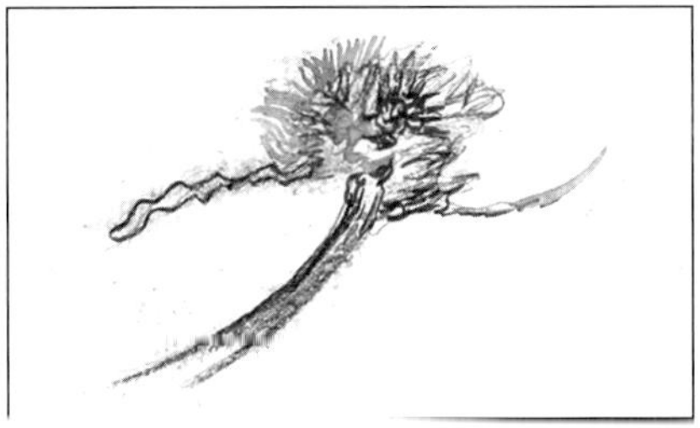

거짓말 바람이 불듯 교활한 형태

악마성-극심한 스트레스 치료과정 단계(치료사례)

치료실 문을 두드리기 여러 달 전부터 심한 감정의 기복을 보이며 난폭한 행동을 했다는 아이는 화가 나면 컴퓨터 모니터를 칼로 긁고 어머니의 핸드백을 가위로 자르는 등 과도한 감정 표현을 서슴지 않았다. 처음 만났을 때 아이는 듣던 것과는 반대로 아주 얌전하였으며, 그림은 잘 그렸지만 솔직한 그림이 나오지 않고 속마음을 가리느라 급급해하는 것 같았다.

그러나 2회차 치료과정이 지나면서 감정을 솔직하게 표현하기 시작했고, 3회차 치료과정이 진행되면서부터 마음의 표면을 덮고 있던 감정의 색과 형태를 신나게 표출해 나갔다. 4회차부터 8회차의 치료과정에서는 페인팅 기법 이외에도 종이인형을 만들어 역할놀이를 하거나 큰 소리로 말하기를 유도하였으며, 음악을 크게 틀어 놓고 치료사와 함께 춤을 추며 자유롭게 치료실을 돌아다니도록 하기도 하였다.

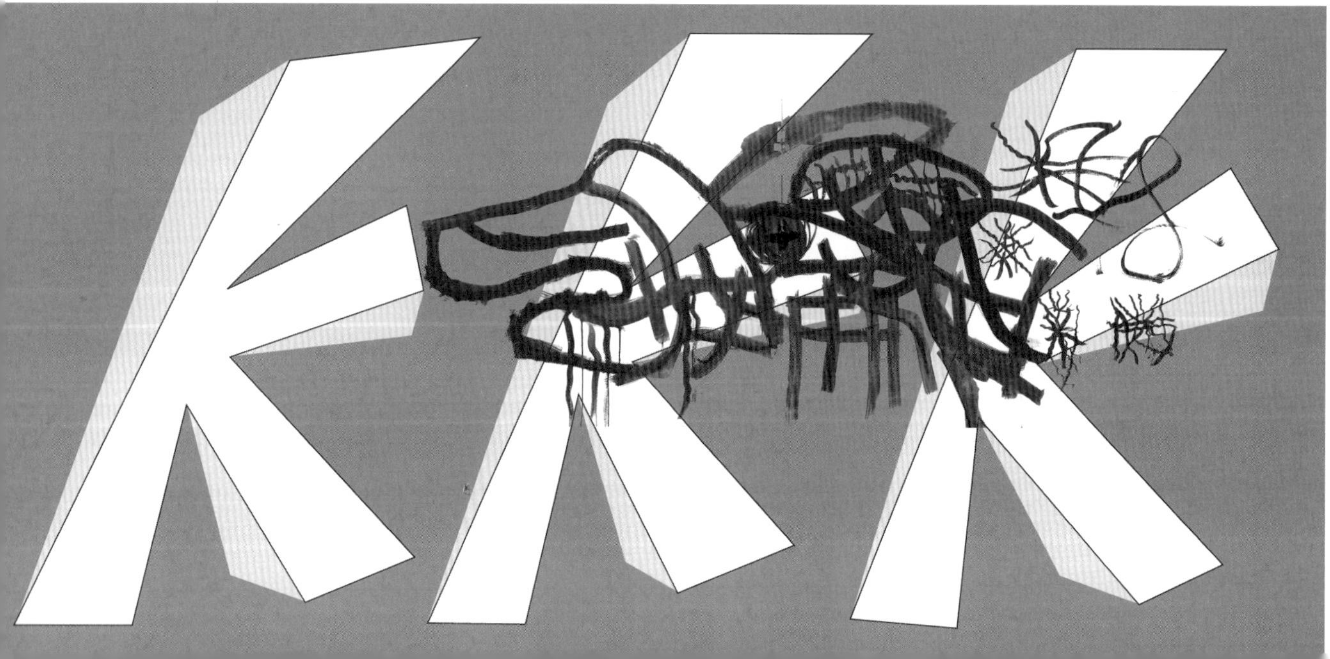

본격적 악마 형태 해체과정

7세 남자아이의 그림이라고 하기에는 성숙하고 유창한 표현이다. 그림의 예술성 또한 뛰어나므로 어두운 면만 치료된다면 유머 넘치는 예술가적 삶을 향해 성장해 나갈 것이다.

① 과정

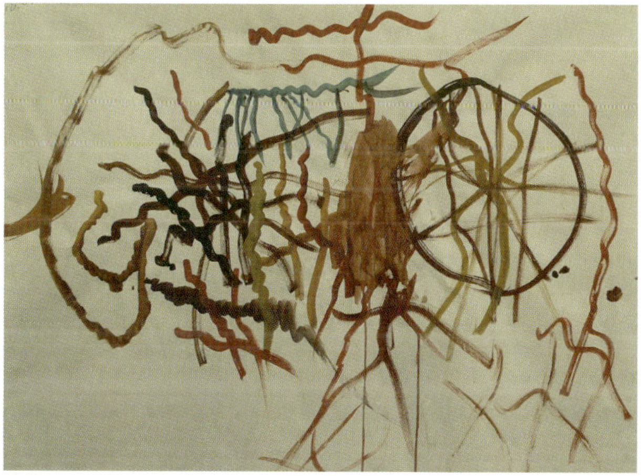

② 과정

③ 과정

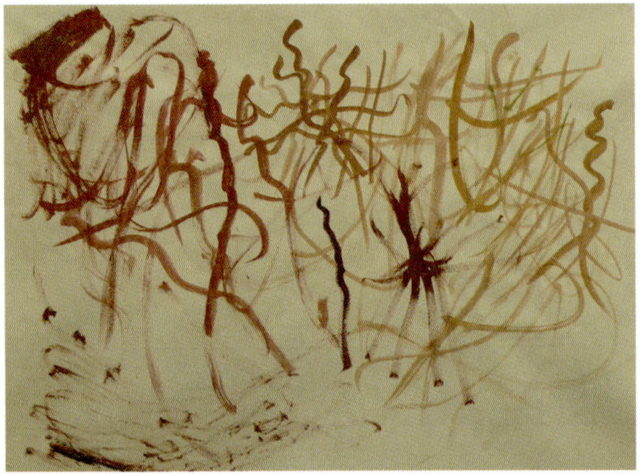

④ 과정

⑤ 과정

⑥ 과정 : 해체 End

9회차 치료과정부터는 이전의 페인팅에 비해 표현의 깊이가 차츰 솔직하게 변화하였다. 의식적인 표현보다는 무의식적인 표현이 자연스럽게 나타나기 시작하였다. 그 시기에 가정생활과 학교생활 적응도 원만하게 이루어져 큰 문제는 일어나지 않았다.

12회차 치료과정에 들어설 때까지도 드로잉과 페인팅, 행동 발달에서 모두 안정적인 수준의 범위를 벗어나지 않았다. 전반적으로 긍정적인 발달이 나타나고 있었지만 이 아이의 그림 속 선과 색에는 언제나 어둡고 음침한 형상과 색감이 숨어 있었다. 그 음침함은 마치 숨바꼭질을 하듯 계속해서 그림 전반에 보일 듯 말 듯 나타났다.

그런 가운데 13회차 치료 수업에 몰두하던 아이가 그림 ①처럼 악마의 형상으로 보이는 드로잉을 완성시켰다. 드디어 그동안의 작업에 항상 숨어 있던 그 음침한 존재가 세상에 밝혀지는 순간이었다. 약 20분의 짧은 시간이었지만 몰입하는 정도가 성인을 능가할 정도로 강렬하였다.

화판에서의 작업을 끝내고 돌아서는 아이의 얼굴은 깊은 잠에서 깨어난 아기의 얼굴처럼 편안해 보였다. 이후 14회차의 그림 ②부터는 강하게 아이의 내면을 짓누르던 감정의 존재가 해체되어 가는 과정이 여과 없이 나타나기 시작했다. 15회차(그림 ③), 16회차(그림 ④) 치료과정까지도 형태의 해체가 집중적으로 이루어졌다면 17회차(그림 ⑤) 치료과정에서는 본격적인 색감의 변화를 보였다. 18회차(그림 ⑥)의 치료과정에서 보이듯 형태와 색감이 완전한 긍정의 변화를 표출해 냈다.

18회차 치료 이후 아이의 가장 큰 변화는 자신에 대한 긍정적 평가였다. 자존감이 높아진 것이다. 가족과의 가정생활도 원활해졌고, 부모님과 의견 충돌이 일어날 때에도 스스로 감정 조절이 가능해졌으며, 학교에서의 교우관계도 원만해졌다.

악마

이 세상에서 이름이 붙여진 것은 허상이든 실상이든 존재한다고 보아야 할 것이다. 악마는 자연계에서 스스로의 기능에 따라 역할을 하고 있는 것으로 보여진다. 가장 밝은 神의 개념 반대편에 서서 가장 어두움을 대표한다. 치료실을 운영하는 치료사는 반드시 경계하고 대처할 능력을 갖추고 있어야 한다. 악마적 성향은 전염성이 강해서 치료사에게 쉽게 전이되기 때문이다. 악마적 성향은 매우 간교하며 헐뜯고 싸우고 울며 죽음에까지 이르게 하려는 파괴적 성향이다.

겉의 모습은 흉측하고 강하게 묘사되나 실제는 여린 듯 매력을 내뿜는다. 우울이 깊어져 슬픔이 되고 슬픔의 끝에서 묘하게 끌어당기는 지극히 유혹적인 마음속의 존재다. 이것을 이겨내는 방법은 나는 어두움의 존재보다 강한 존재임을 깨닫는 것이다. 나의 존재는 본래가 밝은 빛이기 때문이다. 악마는 인간의 두려움을 틈타 공격해 온다. 악마적 성향을 만나면 강한 용기로 맞서야 한다. 악마는 강한 파워를 갖고 있으나 근본이 나약함 속에 출발하였다. 나보다 약한 존재이므로 대범하게 대처해야 한다.

옛날 사람들은 나쁜 귀신을 쫓는 것을 영악한 귀신이라야 할 수 있다고 생각하고 귀면와를 사래 끝에 매달아 놓았다. 눈, 코, 입을 중점적으로 강조해서 무서운 표정을 나타냈다. 악마의 특성을 간파한 생각이라 볼 수 있다. 악마는 형상이 강하고 과감한 마음으로 대처해야 된다는 지혜로운 생각이다. 실력이 향상될수록 치료사에게 악마는 시험처럼 다가올 수 있다.

귀면와, 경주박물관 소장

해방

이 순간의 모든 것은 나의 책임이다. 그래서 인생은 무겁다. 나의 어둠도 밝음도 해방시킨다. 신(神)조차 해방시킬 때 나는 사라진다.

환희

내가 나 자신과 하나가 될 때 환희가 일어난다. 삶이란 나 자신과 멀어지는 여행이다. 머나먼 여행 중에도 나를 찾으며 나와 늘 함께할 때 환희가 펼쳐진다. 그곳에 면역력이 있다.

감정 배출의 확인

치료사의 필수 요건

그림을 가슴으로 느끼기

그림을 눈으로 보고 머리로 해석하는 것은 마음의 실체에 다가가는 데 한계가 있다. 상당히 어려울 수도 있지만 치료사는 감정이 그림에 표현된 것을 실감나게 확인할 수 있어야 한다.

그림을 보는 방법은 눈으로 보는 법과 가슴으로 보는 법, 두 가지가 있다. 눈으로는 형태와 색의 변화를 측정하여 그린 이의 변질된 마음을 측정할 수 있고, 가슴으로 볼 때는 그린 이의 감정을 뚜렷이 느낀다. 그림을 진단할 때 복잡한 심리 분석도 필요하겠지만 그린 이의 감정 상태를 파악하는 것이 매우 중요하다. 감정을 느끼기 시작하면 그 감정의 부정적 상태가 어느 정도인지도 느껴진다.

인간의 능력은 어느 한 부분을 집중해서 개발해 나갈 때 매우 섬세하게 발달한다는 것을 인식해야 한다. 그림 속에 생성된 어두운 감정이 시작된 시점 그리고 그 감정이 성장하여 악성으로 변화하고 현재 어느 정도 그린 이의 감정을 지배하고 있는지 진단할 수 있다.

그림을 눈으로 보고 파악하는 것을 자제하고 순수하게 그림을 보는 즉시 가슴으로 느껴야 한다. 처음에는 상당히 어려울 수 있으나 다른 사람의 감정과 동물의 감정을 느낄 수 있듯이 그림에 실린 감정도 느낄 수 있다. 특히 치료현장의 긴장된 분위기 속에서 집중하여 느낄 때 빠르게 느낄 수 있다. 그것이 숙달되어 매우 섬세하게 감정을 느낄 때 형태나 색, 구도를 분석하여 추리하는 방법보다 훨씬 정확한 마음의 정보를 수집할 수가 있다.

삶과 죽음

마음을 살리는 것이 치료사의 주된 역할이다. 그림을 보고 죽어 가는 그림인지 살아나는 그림인지 알 수 있어야 한다. 만물의 생성과 파멸을 관찰하면 삶과 죽음의 드라마와 느낌을 그림 속에서 쉽게 발견할 수 있다. 현재 환자의 마음이 죽음의 문턱에 있는지, 죽음을 탈출하여 삶으로 향하고 있는지 치료과정 중에 분명하게 판단할 수 있는 것은 치료사가 갖추어야 할 고도의 진단 능력이라고 할 수 있다. 만병의 근원은 마음이라고 하였다. 그림으로 감정의 정확한 상태를 파악하는 것은 매우 중요한 마음치료의 핵심 중 하나이다.

극점

생생하게 살아 있는 그림과 처참하게 죽어 있는 그림의 두 극점을 파악해야 한다. 삶으로 생동하는 삶의 잔치는 어린아이의 그림에서 보고 배워야 한다. 도시의 아이보다는 시골의 아이가 훨씬 생동감 있게 그림을 그린다는 것은 분명하다. 혹독한 죽음의 그림은 암환자에게서 볼 수 있다. 최고의 건강 상태와 질병에 걸린 상태의 상대적 극점을 파악해야 건강에서 질병으로, 또는 질병에서 건강으로 이동되는 진행과정을 그림 속에서 파악할 수 있다.

표현 진찰 9단계

그림 진찰법

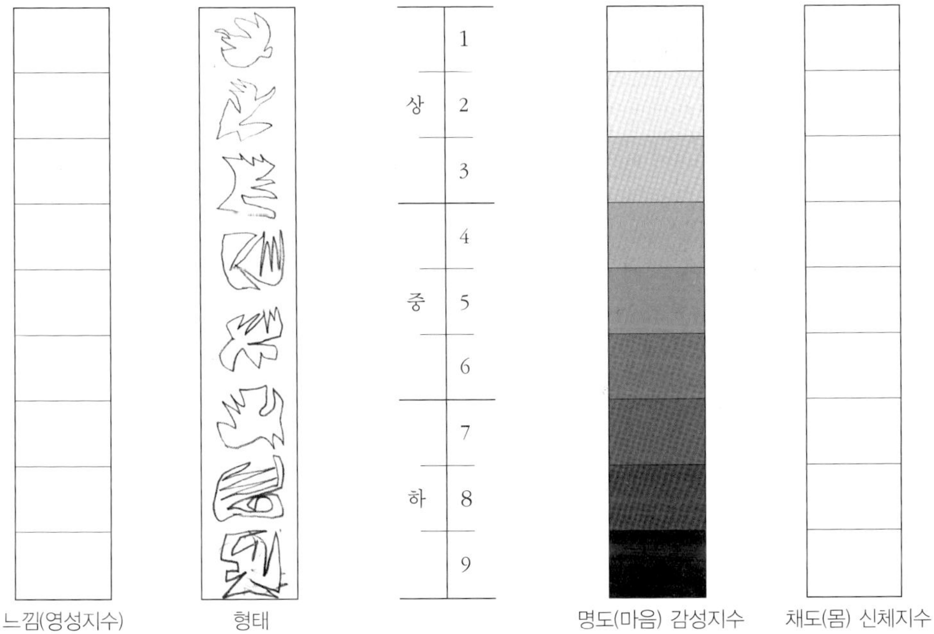

감정지수 : 색의 밝고 어두운 정도에 따라 마음에 상처와 스트레스 지수를 측정한다.

신체지수 : 색의 맑고 탁한 정도에 따라 몸에 쌓인 독성의 지수를 측정한다.

영성지수 : 색과 형태를 눈으로만 보는 것이 아니라 가슴으로 보는 방법이다. 영서지수는 영적 능력이며, 치료의 중심 동력이다. 맑고 밝은 마음으로 상황을 있는 그대로 간파한다.

형태 : 형태의 스트레스성 변형에 따라 스트레스 지수를 측정한다.

그림 진단(감성지수)

치료그림

진단 결과 형태 9/10, 명도 9/10, 느낌 9/10, 上 中 (下) (감성지수 下－9로 진단됨)

진단 소견 색과 구도가 상당히 극단적 성향을 띤다. 노랑의 밝음보다는 검정에 내제된 부정적 스트레스가 많은 양으로 확산되어 보인다. 검은색 밑의 회색에서는 마치 늪처럼 절망의 신음 소리가 울린다. 노란색은 그나마 희망의 빛을 잃지 않으려 애쓰지만, 구도에서 드러난 강한 극단성과 심리적 갈등은 벼랑에 서 있는 위태로움을 표현하고 있다.

치료 형태 사업에 실패한 중년 남성이다. 그림으로 표현하는 것을 상당히 즐기므로 주제를 주거나 스스로 자유롭게 그리기도 하였다. 자신의 심리적 상태를 잘 표현하였으며 자신의 그림에 많은 만족을 가졌던 내담자였다.

그림 진단(신체지수)

치료그림

진단 결과 　형태 9/10, 채도 9/10, 느낌 9/10, 上 中 (下) (신체지수 下-9로 진단됨)

진단 소견 　몸의 부패로 일어나는 형태의 변형들은 곰팡이와 세균들의 이미지를 강하게 표현하고 있다. 그림은 몸의 독성으로 물들어 형태와 색은 악취가 나는 듯하다. 혈액을 운반하고 배출하는 기관들이 부실하고 전체적 면역력의 부재가 심각한 상황이다.

치류 형태 　이러한 내담자는 마음치료에 앞서 스스로의 건강관리를 어떻게 해야 하는지를 설명해야 한다. 건강이 극도로 안 좋으면서도 담배를 피우고 있었다. 면역력을 활성화시킬 수 있는 비타민 처방을 통해 건강 관리 차원에서 도움을 준다. 건강 관리 차원이라고 하여도 영양과 분자교정에 대한 심도 있는 학습에 의해 안내가 이루어져야 한다.

감정치료 그림제작

수호천사 마모부인(mamo buin) 캐릭터

증상 \ 단계	안정(가벼운 단계)				어둠의 퇴치(심한 단계)				
불만	1단계	2단계	3단계	4단계	5단계	6단계	7단계	8단계	9단계

수호천사 마모부인 – 불만 1단계
치료그림을 항상 지니고 다니거나 늘 볼 수 있게 자신의 방 벽에 붙인다.

이 그림은 불만 1단계에 해당되는 그림으로 다소 불만이 많은 어린이나 청소년, 직장인들을 위한 치료그림이다. 형태와 색, 구도에서 치료의 시각적 효과가 있도록 제작하였고 그림을 그린 치료사가 심리적 안정을 기원하는 기도의 그림이기도 하다.

마모부인은 인간의 불만을 다스리는 천상의 여인으로 불만의 단계가 높아질수록 몸이 변신하여 강력한 전투적 전사가 된다.

신라 진평왕 때 왜병침공의 불길한 징조를 보고 화랑 융천사가 혜성가(향가)를 지어 노래함으로써 왜병들을 돌아가게 하였다. 향가는 대부분이 종교적 · 주술적 의미를 가지고 있었다. 이미 우리 조상들은 노래와 춤, 그림을 기도와 치료적인 목적으로 사용해 왔다.

> "옛날 건달파가 놀던 동해변 풍악을 앗으려
> 왜군이 또 쳐들어 왔다고 봉화살은 요쇄가 있다네.
> 세 화랑이 놀어 오심을 듣고
> 달도 부지런히 비치고 있는데
> 길쓰는 그의 별을 바라보고
> 불길한 혜성이라 말하는 사람이 있다네.
> 아아 달이 저 아래로 떠나갔으니
> 이 무슨 혜성이 있다 하리오."

『삼국유사』 5권, 융천사, 혜성가

바람 1

바람 2-바람은 모든 것을 소생시
키는 힘이다.

제4장 2단계 : 순수한 표현
3단계 : 자유로운 표현

이 세상에서 가장 건강한 그림
자유로운 표현
상상 치유법
자유상상회를 통한 치유

9세 여아-하늘 공주 神氣, 그 세계는 신비롭다. 神이 무엇인지 모른다. 그러나 어린이의 해맑은 눈빛 속에서 神을 알아가는 것만 같다. 그곳은 너무 건강하여 생동이 넘치는 곳이다.

7세 남아-통나무집에 사는 남자아이의 그림이다. 매일 피 흘리고 싸우는 공룡만 그려서 엄마는 무척 걱정을 했다. 그러나 사실은 넘치는 힘과 파괴적 남성 에너지가 순수하고 심신이 아주 건강하다. 원초적 측면에서 바라볼 때 이 세상에서 가장 건강한 그림이라고 볼 수 있다.

8세 남아-숲속 벌레, 순수함은 있는 그대로 어리숙함이 나타날 때 사랑스럽고 자연스럽다. 순수하고 자유로움은 성인이 되면 찾기 힘든 아득한 옛 기억이 된다.

이 세상에서 가장 건강한 그림

원초성

미술치료의 주제는 병이 아니라 건강이다.

원초성은 욕망과 본능의 화신으로 인간의 가장 거친 내면이며 싱싱해서 너무나 아름답게, 신비한 매력을 내뿜는 최고의 건강이다. 문명이란 자연과 나를 멀리 있게 한다. 원시는 자연과 나를 바로 마주할 수 있게 하기 때문에 생생한 건강의 의미를 일깨운다.

이 세상에서 가장 건강한 것은 생명력 그 자체일 것이다. 원초성, 원시성, 혼돈 등은 화가들의 관심을 끄는 가장 매력적인 주제 중의 하나이다. 생명은 그 시작부터가 창조적이며 그 안에 수많은 창조적 비밀이 내포되어 있기 때문일 것이다. 원초성은 선과 악이 혼재되어 있는 것이 그 특색이다. 다듬어지지 않은 야만성과 폭력성이 내재해 있고 터질 듯한 에너지와 파괴적 남성 에너지, 신비로운 여성 에너지가 함께 춤을 춘다. 그런 성향은 화가들의 그림뿐만 아니라 아이들의 그림에서 더 많이 발견된다. 너무나 순수한 세계이기 때문에 선과 악을 떠나서 무척이나 아름답게 보이는 것이다.

아동화 – 건강한 그림의 지표

아이들의 그림은 비록 다듬어지지 않아 작품처럼 여겨지진 않지만 순수, 자유, 생명의 원천이 그대로 표출되고 있어 그 신비로움에 매료될 때가 많다. 원천적인 에너지에서 갓 태어난 어린이의 그림에서 강력한 생명의 이미지들을 탐구해야 한다. 아이들의 그림은 이 세상에서 가장 건강하다. 건강한 그림을 모르면서 아픈 그림들을 치료하는 행위는 등대 없는 뱃길과 같고, 건강을 모르는 의사와도 같다. 맑고, 밝고 순수한 아이들의 그림을 건강의 지표로 삼고, 탁하고 어두운 병든 이의 그림을 건강의 세계로 인도해야 한다.

자폐 성향이 있는 아이들의 그림 – 순수

세상은 험하고 살기 힘들다. 너무나 힘들 때 세상을 등지는 사람들도 있다. 자폐 성향을 가진 이들은 한결같이 마음이 여리다. 세상이 힘들더라도 때론 세상을 꺾고 휘어잡는 강함도 필요하건만 그들은 세상을 두려워한다. 그래서 몸은 지상에 있지만 마음은 자신의 내면으로 깊숙이 도망간다. 인간이 태어난 내면의 세계는 알려져 있지 않지만 그들의 그림을 통해 그 세계를 짐작할 수 있다. 자폐 성향이 있는 아이들의 그림에는 드넓은 공간이 펼쳐지고, 반짝이는 별들과 맑고 밝음이 지나치게 순수하기만 하다. 땅과 인간은 찾아보기가 힘들고 텅 빈 공간 속에 빛나는 세계가 예술처럼 신비롭게 드러나므로 그 느낌을 주의 깊게 관찰하여야 파악할 수 있다.

그들을 치료할 때 치료사 또한 자폐 성향인 부류가 많기 때문에 자연스럽게 그들과 공감대가 형성된다. 그런 다음 그들에게 이곳도 살 만한 곳이라고 세상을 조금씩 가르쳐 준다. 세상 그리기를 아주 천천히 해 나가도록 돕는다. 자폐 성향은 자폐

8세 여아, 10세 남아 – 무지개 마을
두 남매는 함께 치료를 받았다. 오빠는 상태가 심하여 학교생활을 못할 지경으로 극도의 예민한 상태였으나 차츰 호전되었고 중학교에 진학하면서부터는 유머 넘치는 예술성이 강한 인성을 갖추며 정상적인 생활을 하고 있다.

8세 남아 – 무제
주변 친구와 잘 어울리지 못하고 피해의식이 강하다. 주변과 어울릴 수 없는 성격은 타고난 예술가적 기질이라고 보여진다. 그림은 회화성이 뛰어나며, 감성과 즉흥성이 풍부하다.

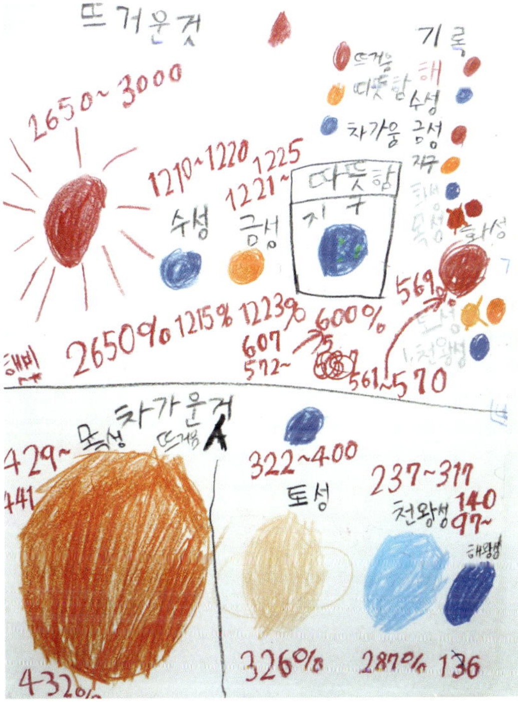

8세 남아 – 행성
별, 숫자, 글자에 몰입되어 전혀 주위를 의식하지 않을 정도로 한곳에 몰두한다. 타고난 과학적 성향을 갖추고 있다.

아와는 다른 상태로 구분하여 이해해야 한다. 생각이 거의 성장하지 않고 자신의 무의식에 갇혀 있는 상태가 자폐아인데 자폐 성향은 생각이 주위와 소통이 충분히 될 수 있을 정도록 성장하였음에도 세상을 거부하고 있는 상태다. 마음이 여리고 과학, 예술, 종교 등 창의적 성향이 두드러진 재능 있는 사람들에게서 많이 보이므로 부정적 시각으로 보지 말고 최대한 이해와 긍정적 시각으로 신중하게 다루어 그들의 재능을 길러 줘야 한다.

자유로운 화가들의 그림을 보고 그 표현방법을 배워 보자.

김선두, 가까운 원경 장지에 먹 · 분채, 65×95cm 2010
화가 김선두는 놀이대장이다. 사람들만 보이면 제기차기, 축구, 골프, 야구를 하는데 정식으로 하는 것이 아니라 즉석으로 동네 어귀에서 노는 꼬마들처럼 길거리에서 논다. 대학 시절 바지는 추켜올려져 발목이 훤히 보이고 찌그러져 가는 프라이드를 탈 때가 더 멋졌던 친구다. 여름이면 널브러져 피어 있는 들풀들의 끈끈한 생명력과 소박하지만 영롱한 아름다움 속에서 한국의 미를 발견하고 있다.

자유로운 표현

자유≠틀=형태

우리는 틀 속에서 존재한다. 모든 틀을 다 깨기 전까지는 틀 속에서 자유로울 수 있는 법을 터득해야만 한다. 방종하여 사는 것만이 자유는 아니다. 진정한 자유를 누리려면 '나'로부터 자유로울 수 있어야 한다. 나의 감정과 생각, 욕망에서 자유로울 때 나는 나를 치유할 수 있다. 나의 마음에서 자유로울 때 나의 면역력이 확대되며 심신이 평화롭고 안정된다.

생각의 자유=형태의 자유(틀 안에서의 자유)

철부지 같은 화가들

1980년대에 프랑스 화가들 사이에서 일어난 자유구상이라는 운동은 사회라는 거대한 틀에 갇힌 인간의 자유를 해방시키려는 몸짓이었다. 그들은 철학, 도덕, 고고한 예술 위에 폼을 잡는 진지한 인간의 행위에서 벗어나 갓 태어난 아이들의 순수한 시각으로 세상을 바라본다. 자기 마음에 따라 순진무

조혜루, V8, 캔버스에 유채, 65×40cm, 2008

구하게 그림으로써 화가의 그림이 아니라 일반인의 소박한 그림처럼 표현하여 예술을 저급한 대중 예술로 끌어내리므로 인간의 소중한 가치인 자유를 획득하고 있다.

이들의 소박하고 꾸밈없는 그림들은 미술치료의 그림 방향과 매우 일치되므로 연구의 대상이 된다. 이제 예술은 종교와 더불어 더욱 대중 속으로 하강하여야 한다. 神(치료)을 깨달으며 스스로가 예술가임을 자각하는 것이다. 그것을 전파하는 원동력은 미술치료사들의 몫이 된다. 자유롭게 그린 화가들의 그림처럼 생각과 감정을 소박하고 쉽게, 있는 그대로 표현하는 것이 자신에게 치료적인 방법이 되며 자신을 찾아가는 지름길이 된다.

이정연, 만남, 장지, 먹, 채색, 75.5×56cm, 1998

조혜루, 코카콜라, 컴퓨터프린트 위에 아크릴, 93×119cm, 2008
–미장원에서 코카콜라를 마시는 두 여인의 유쾌한 대중적 삶을 만화 그리듯 표현했다. 평범함 속에서 행복한 삶이 느껴진다. 일상적 삶이 늘 있을 것만 같은 착각에 살고 있지만 그것은 사라져 가는 한순간이기에 아름답다. 화가는 그 순간을 압축하여 강렬하게 표현한다. 현실은 강하다.

조혜루, 유토피아, 캔버스에 아크릴 · 유채, 55×45.5cm, 2008
미래에는 자연과 인공이 조화를 이루는 이상적인 세계를 꿈꾼다.

조혜루, 자화상, 동판화, 2001

조혜루, 무제, 캔버스에 아크릴, 25×36cm, 2001

순수 · 자유-본능

생각은 이야기의 세계다. 이야기가 무궁무진하게 흘러나오려면 자유로워야 한다. 이때 자유롭다고 하는 것은 감정과 본능의 자유로움을 말한다. 감정은 변화하는 흐름이므로 그 속성이 자유롭다. 따라서 내가 내 감정에 솔직해질 때 한결 내 존재는 분명하게 살아나며 자유로워진다. 감정보다 더 자유로운 것은 본능이다. 원래 내가 본능의 세계에 있을 때 거침없이 자유로웠다. 그때가 어린 시절이다. 동물적 본능은 사나운 폭풍과 같고, 질주하는 철마와 같다. 그곳은 동화처럼 진지한 이야기도 없이 백치의 소녀들이 노래하는 곳이다. K-POP의 소녀들이 그 주인공들이다. 특별한 의식이나 사상도 없다. 별 내용 없는 소리와 율동, 표정 속에 묘한 매력을 발산한다. 생생하게 존재할 뿐이다. 뜨거운 본능 속에서 신실한 삼성 속에서 신과 반난다. 그것을 순수라고 한다.

화가가 생각에 치우쳐 소중한 자유로움들을 잃어버리면 생명을 잃는 것과 같다. 그가 부르는 노래는 더 이상 향기롭지 않으며, 그가 걷는 모습도 매력적일 수가 없고, 그냥 평범하여 무미건조해진다. 화가는 진정한 삶에 눈이 떠 있어야 한다. 치졸한 경쟁과 자기과시 속에서 탈출하여 오로지 자기 자신 속으로 뛰어들어야 한다. 화가는 영원한 철부지로 남아 있는다.

화가+치료사

미래형 직업으로서 미술치료사는 멋지게 자신의 영역을 개척해 나가야 한다. 전시장에서는 화가이며, 동시에 심신을 아름답고 건강하게 할 수 있는 모든 직종을 미술치료와 접목하여 화려하고 환상적이며 매력적인 예술가적 지도자가 되어야 한다.

그림은 선이 중심이든 면이 중심이든 자신의 취향에 따라 선택하여 표현한다. 만화처럼 그려서 해학적인 즐거움을 주는 것도 치료그림의 좋은 방법이다.

조혜루, 무제, 캔버스에 아크릴, 25×3cm, 2001

상상의 자유

생각은 창조의 시작이다. 떠오른 생각을 형태로 만들어 보고 그것이 무엇이고 어떤 의미가 있는지 부여해 보자. 자신의 생각을 구체화시킬 수 있을 때 삶 속에서도 생각을 행동으로 실천하고 창조하는 삶을 만들어 갈 수 있다.

조경호, 하늘, 장지에 수묵 채색, 43×32cm, 2004

조혜루, 무제, 캔버스에 안료,
115×148cm, 2004

김근중, 원본자연도, 마 · 혼합재료,
45.4×53.5cm, 1992

태초의 자연을 상상해 보자. 만물이 탄생하는 첫 순간에 나는 어디에 있었을까?

조혜루, 깊고 푸른 바다, 캔버스에 아크릴, 132×164cm

조혜루, 깊고 푸른 바다, 캔버스에 아크릴, 132×164cm

형태는 나의 감정에 따라 자유롭게 변형할 수 있다. 화면 속의 공간은 내가 누릴 수 있는 자유로운 장소이므로 마음껏 그림으로 나의 세상을 펼쳐 본다.

김선두, 애기똥풀, 먹 · 분채,
65×95cm, 2010

그림을 낙서처럼

낙서 자체만으로도 충분히 그림이 될 수 있다. 낙서는 내가 발가벗은 것이다. 어떤 가식도, 꾸밈도 없이 모두에게 나의 적나라한 모습을 드러내는 것과 같다. 낙서에 아무것도 표현될 게 없을 것 같지만 사실은 나의 전부가 드러난다. 솔직한 용기가 좋으면, 세상에 부끄러워할 것 없이 자기 목소리로 소리를 지르고 싶으면 낙서처럼 그림을 그리는 것이다.

조혜루, 무제, 캔버스에 아크릴, 115×148cm

문숙, 흰구름 청산 밖에 높이 날 을 제 문득 느끼나니 내게도 돌아갈 고향 있음을, 캔버스에 유채, 2007

조경호, 하늘, 장지 · 분채, 118×90cm, 1994

조경호, 하늘, 장지 · 먹, 65×91cm, 200

조경호, 하늘, 마 · 안료(벽화기법),
132×164cm, 1994

이정연, 만남, 옻칠, 194×264cm, 1999

순수에서 피어난 자유

순수는 한국의 정체성이다. 소박하여 수줍은 듯하고, 가지런하여 뽐내지 아니하고, 예쁘고 곱고 여리며 마음이 하늘에 가 닿아 있는 천진난만의 세계다. 그렇기 때문에 장엄하다고 한다면 그 뜻과 실체가 오묘하고 깊다. – 영성

오태학, 설화(說話) 지본석채(紙本石彩), 52×44cm, 1985

상상 치유법

표현치료법 II－자유상상화

표현치료법 I－낙서화로 부정적 감정을 배출시켜 마음이 정화되면 표현치료법 II－상상화로 더욱 건강하고 풍요로운 마음이 전개될 수 있도록 그림을 지도한다. 아동, 성인 모두에게 적용되는 그림치료방법이다. 표현치료법 II부터는 사실상 순수한 그림 그리기로 들어간다고 보면 된다. 내담자가 그림을 통해 자신을 찾고 평화와 사랑을 찾아갈 수 있도록 지도해야 하기 때문에 치료사는 화가만큼이나 그림 지도 실력을 갖추어야 한다.

형태(생각)를 자유롭게 그리기

그림을 멋있게 잘 그리는 것과 치료 세계는 서로 거리가 멀다. 어린아이처럼 자기가 그리고 싶은 대로 그려 나가다 보면 자신의 마음이 진솔하게 표현되며, 자유롭고 편안하게 마음을 펼칠 수 있다. 그렇게 그릴 때 처음에는 못 그린 것 같기도 하지만 차츰 시간이 흐르면 자신만의 표현이 능숙해지고 흡족할 만큼 매우 멋진 그림이 된다. 자유로운 형태 그리기는 생각을 활성화시키는 운동이 되므로 마음에 유연성을 촉진한다.

감정＋형태

감정이 실리지 않은 그림은 차갑고 딱딱하다. 형태가 있는 그림도 낙서하듯 자유롭게 그릴 때 감정이 이입된 형태가 된다. 나의 감정이 실린 형태에는 나만의 개성이 표출되므로 보다 진실된 자신과 만날 수 있는 그리기 행위가 된다. 면역력은 나 자신의 깊은 곳에 숨겨져 있다. 순수하고 자유로운 그림 그리기를 통해 나의 감정, 개성, 면역력과 만날 수 있다.

연상법 – 좋은 생각 그리기

생각 에너지는 자석과 같다. 내가 어떤 상황을 생각할 때 그 간절함에 따라 상황은 나에게로 다가온다. 좋은 생각을 하면서 좋은 그림을 그릴 때 치료의 세계가 열리고 빛이 내게로 온다. 연상법은 기도의 원리와 같다. "두드리면 열릴 것이고, 찾으면 찾을 것이요, 구하면 얻을 것이다." 건강의 문은 내 안에 있다.

그리기 방법

낙서화를 충분히 그려서 그것을 기초로 하여 형태를 만들어 나가면 재미있고 소박하며, 자신의 감정이 드러난 살아 있는 표현이 될 수 있다. 그림을 어렵게 배우려 하지 말고, 틀에 가두지 말고 자유롭게 기교가 없는 아이의 그림과 같이 그리면 된다. 잘 그리는 그림으로 꾸며 가는 방법은 진실된 자신을 발견할 수 없다. 이 세상에서 가장 소중한 것이 생긴 대로의 나의 모습이다. 가장 진실된 우주의 표현이므로 그곳에 진리가 숨겨져 있으며 태초의 소리가 울리고 있다. 그것이 사실이라면 이대로의 나는 보물 중에 보물이니 사랑하지 않을 수 없다. 그림 그리기도 기도가 될 수 있다. 그림을 통해 드러난 소박한 자기 자신의 있는 그대로의 개성을 갈고 닦아 빛이 나게 표현했을 때 가장 숭고한 기도가 된다.

자유상상화를 통한 치유

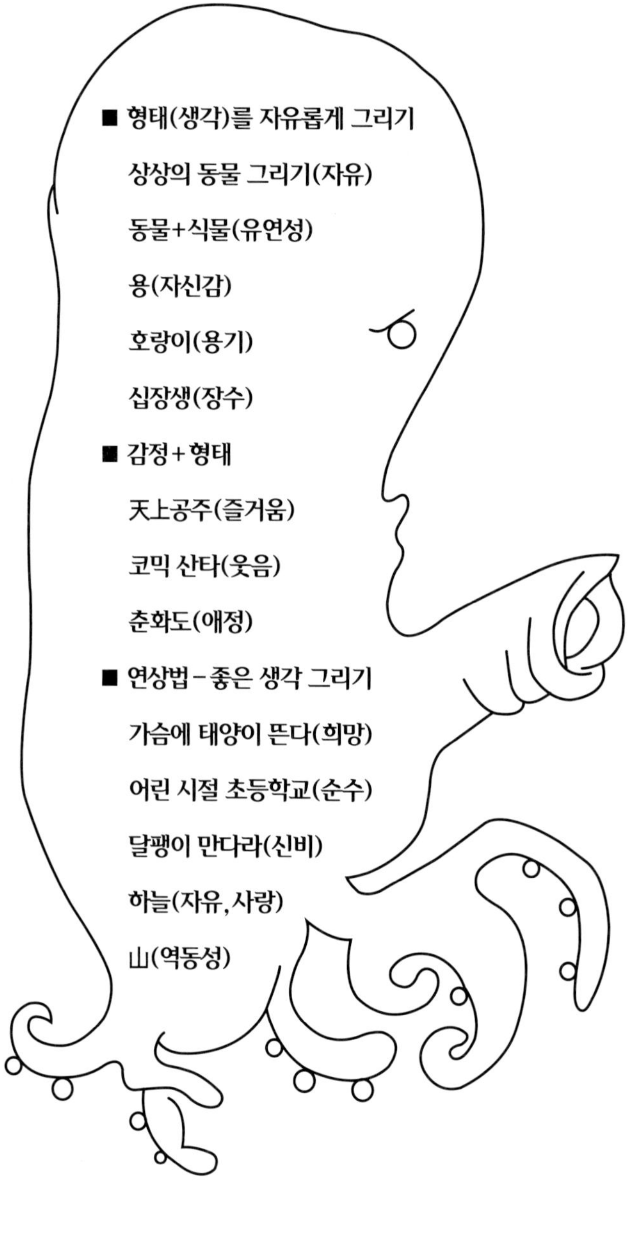
■ 형태(생각)를 자유롭게 그리기
상상의 동물 그리기(자유)
동물+식물(유연성)
용(자신감)
호랑이(용기)
십장생(장수)
■ 감정+형태
天上공주(즐거움)
코믹 산타(웃음)
춘화도(애정)
■ 연상법-좋은 생각 그리기
가슴에 태양이 뜬다(희망)
어린 시절 초등학교(순수)
달팽이 만다라(신비)
하늘(자유, 사랑)
山(역동성)

형태(생각)를 자유롭게 그리기

상상의 동물 그리기(자유)

생각의 자유는 복잡한 생각 속에서보다는 단순하고 텅 빈 생각 속에서 신선하게 일어난다. 이 세상에 존재하지 않는 동물을 그려 봄으로써 나에게서 일어날 수 있는 창조의 가능성을 열고 나만의 생각을 펼쳐 본다. 창의력은 내가 자유로울 때 자연적으로 발생한다.

초식동물 코불난자(kobull nanga)

낚녀합성 닐리리코닭
(nilly kodark)

바람난 봄처녀 망고망고 꽃순이
(mangko mangko)

동물+식물(유연성)

합성된 형태를 그려 본다. 생각은 모든 것을 구분 짓기를 좋아한다. 그 구분의 틀을 깰 때 생각은 훨씬 유연성 있게 자유로워진다. 동물과 식물이 합성된 새로운 형태를 그려 본다.

꽃순이 동생 엉순이(mengke)

용(자신감)

생각은 고정되기가 쉽다. 날개를 달고 하늘을 날며 꿈을 펼칠 수 있도록 역동적인 변화 속에서 과감하게 상승하는 용을 그린다.

호랑이(용기)

스스로 강한 존재임을 호랑이를 그리며 일깨우게 한다. 용맹스러움은 나의 본질이다. 두려움이 없는 것이 인간이다. 두려움이 있다면 아직 인간이 덜된 것이다.

십장생(장수)

오래 살고자 하는 것은 인간의 기본적 욕망이다. 오래 사는 자연물을 그려 보면서 그 희망을 가져 보자.

감정+형태

天上공주(즐거움)

형태에 감정이 실릴 때 살아 있는 그림이 된다. 잘 그리려 애쓰지 말고 낙서하듯 편하게 형태를 그린다. 그림을 통해 내 감정이 살아나면 나는 더욱 생동하는 생명체가 된다.

코믹 산타(웃음)

마음이 무거울 때 웃음이 나오지 않는다. 흥겹게 웃는 그림을 그리면서 마음의 짐을 덜어 본다. 웃음은 건강의 척도다.

춘화도(애정)

애정만큼 즐거운 것이 세상에 또 있을까? 내 몸이 탈나지 않을 정도로 애정을 즐길 때 음과 양이 화합하고 생동하여 몸과 마음이 청명해진다.

연상법 – 좋은 생각 그리기

가슴에 태양이 뜬다(희망)

가슴을 활짝 열고 뜨거운 태양이 뜨면 온 세상이 빛난다. 힘들면 노력하면 되고 못났으면 잘나기 위해 애쓰면 되고 약하면 강해지면 된다. 닥치는 대로 살아가고 헤쳐 나가는 것이 삶이다.

어린 시절 초등학교(순수)

순수는 인생의 기본이고 첫단추다. 처음을 잃으면 모든 것을 잃게 된다. 이 세상 모든 것을 포용하는 것이 순수이고 머리 숙여 겸손한 것이 순수다. 깨끗하다고 고집 부리는 것은 순수가 아니며 전체를 잃지 않는 것이 순수다.

달팽이 만다라(신비)

알 수 없는 것이 신비라고 한다. 그렇다면 이 세상의 모든 것이 신비다.

하늘(자유, 사랑)

하늘은 나의 내면이다. 내면은 알려져 있지 않지만, 사랑과 평화가 가득한 곳이라고 우리는 배우지 않아도 알 수 있다.

山(역동성)

산은 지형적으로 응축되어 솟아오른 땅이다. 응집 · 농축 현상은 상당히 강한 에너지를 발생시킨다. 산을 그리며 강한 에너지를 상상해 본다.

제5장 심화 과정

개성 표현 – 나 자신의 존중과 긍정

자아의 통합

병든 그림이 건강해지고 활기를 띠기 시작하면 드디어 그림은 자신의 모습을 드러낸다. 무엇을 그려도 자기처럼 그리는 것을 개성이라 한다. 개나 고양이를 그려도 자신의 모습과 닮고, 꽃을 그려도 자신의 체취가 풍기면 나의 면역력은 나와 가까이 있다고 볼 수 있다.

개성이란 생긴 그대로의 모습이다. 그 모습을 스스로 긍정하여 빛이 날 때 잘생겼든 못생겼든 그 사람은 멋있어 보인다. 따라서 개성이란 멋의 세계이며 예술의 시작이다. 자기 자신을 드러낼 때부터 존재는 아름답게 노래하기 시작한다. 그곳에 춤이 있고, 감동과 뜨거움이 용솟음친다. 그것을 건강 또는 예술이라고 한다. 개성은 자신을 존중할 때 강화되며 발견된다. 스스로 빛난다는 것은 하나로의 통합 현상이며, 의학적으로 볼 때 극히 바람직한 치료 상태의 확산이다.

석도화론(중국 화가) 존수장제4(尊受章第四)

대개 한 번 그음이라고 하는 것은 천지만물을 그 속에 다 포함하는 것이다. 획은 먹을 느끼며 받아들이고, 먹은 붓을 느끼며 받아들이고, 붓은 팔을 느끼며 받아들이고, 팔은 마음을 느끼며 받아들인다. 이것은 마치 하늘이 창조하여 발생시키면 또 땅이 창조하여 그를 이루게 하는 것과 같은데, 이와 같은 대자연의 생성에 내재하는 느낌이야말로 화가가 화면에서 창조하는 느낌의 본질을 이루는 것이다. 그런데 인간이 무엇을 존중한다 하는 것은 귀한 것이다. 특히 자기 자신을 존중한다는 것은 더욱 귀한 것이다. 나 자신이 감수하는 것을 내가 존중할 줄 모르면 그것은 스스로 포기하는 것이요, 옛 사람의 화법을 얻었으되 그것을 버리고 새로 창조할 줄 모르는 것은 스스로를 속박하는 것이다. 대개 감수성이라는 것은 화가가 반드시 존중하여 지켜야 할 것이요, 힘써 노력하여 활용해야만 할 것이다. 외계와의 관계에 있어서는 끊임없이 느낄 줄 알아야 하며, 나의 내성의 세계에 있어서는 쉼 없이 반추하여 고착되지 말아야 할 것이다. '주역' 건괘의 '대상전'에 "하늘의 움직임은 끊임없이 건강하다. 군자는 이를 본받아 스스로 강해지고 쉴 새 없이 노력한다."라고 했는데, 이것이야말로 화가가 대상 세계를 끊임없이 느끼는 그 느낌 자체를 존중하라고 하는 까닭을 말하는 것이 아니겠는가?

—석도화론 도올 김용옥

受(받아들일 수)

受(수)란 받아들여서 느끼는 느낌의 세계를 말한다. 우리는 감각, 마음을 통해서 세상을 느끼며 알아 간다. 세상이란 보이는 것과 보이지 않는 세상 모두를 말한다. 이 모두를 받아들이는 것이 나의 느낌의 세계다. 그 느낌을 존중하며 스스로를 찾아가는 것이 예술의 길이며, 건강의 행보이다. 그림의 판독(진단)에서도 그림을 가슴으로 느껴야 하므로 치료사에게 느끼는 훈련은 매우 필수적인 것이다.

개성 발견과 판독

개성을 발견할 때부터 그리고 그 개성을 존중하고 사랑할 때부터 치료사의 판독실력은 향상된다.

실력 있는 화가는 다른 그림을 보고 그 그림이 이야기하는 것을 샅샅이 느낀다. 개성을 찾은 화가들은 자신의 영혼에 그만큼 가까이 다가가 있기 때문이다. 영성이 맑기 때문에 모든 것을 투명하게 알 수 있다.

미술치료사가 그림을 그려야만 하는 주된 이유다. 남이 설명한 그림판독에 의존하지 말고 스스로의 자주적인 해석을 갖추기 위해서 그림으로 뛰어들어야 한다.

초현실주의

평화 · 신비

화가는 신(神)을 해방시킨다. 개성이 꽃핀 자리…… 신이 항상 곁에 있음을 느낀다. 뒤에서, 옆에서, 저녁 저 먼 산에 걸린 달은 신비롭기만 하고, 작업실은 온통 신비의 물결로 가득하여 나를 비롯한 보이지 않은 존재들의 향연이 펼쳐진다. 보이지 않는 것들은 나의 그림 속에서 때로는 말을 하기도 하고 침묵하기도 하면서 끝없이 나와 대화한다. 어두움이 물들고 잠깐의 휴식 속에서 작업실을 비울 때 갑자기 그

조경호, 순환, 벽화기법, 120×194cm, 2004

방은 신으로 가득차 두려워 들어갈 수가 없다. 신은 나로부터 해방되었다. 나는 나의 느낌, 감성을 열고 나의 개성을 보았고, 그 속에 신을 보았다. 신은 나로 인하여 세상과 함께하는 광경을 처음으로 작업실에서 목격한 것이다.

성(城) – 작업실의 비밀

> "피카소의 성 안에는 예외적이고, 정신을 교란시키며, 때로는 잔인하기까지 한 창조의 힘이 존재했다. 반면 미로의 성에는 더 많은 평화와 신비가 지배하고 있었다."

미로의 손자 다비드 페르난데스 미로가 어린 시절 할아버지 미로와 그의 친구 피카소의 작업실을 놀러 갔을 때를 회상하며 작업실에서 느낀 느낌을 적은 글이다.

> "그림은 섬광 같아야 한다. 그림은 아름다운 여성이나 시처럼 매혹적이어야 한다. 그림은 빛을 발산해야 하며, 피레네 산맥의 목동들이 파이프에 불을 붙이기 위해 사용하는 부싯돌과 같아야 한다. 예술은 죽을 수 있다. 중요한 것은 예술이 대지 위에 씨를 뿌렸다는 것이다."
>
> –나는 정원사처럼 일한다(미로)

미술치료사는 자신의 치료실이 작업실이며, 교회다. 그곳에서 신과 만난다. 그림을 그리며 치료하고 기도하면서 조용한 정원사의 일을 묵묵히 실천한다.

오태학, 鹿, 종이에 석채, 115×90cm, 1986

자연스러운 한국

한국은 온 나라에 자연스러움이 배어 있다. 자연스러움이란 정제되고 천진스런 아름다움이요 정신이다. 자연(神)은 인간의 예쁜 마음과 만난다. 온 백성이 마음이 예쁜 나라가 흥에 겨워 소리를 할 때면 구성지게 심금을 울리고 (영성) 춤을 출 때 신기가 휘날린다. 만지는 것마다 천진스러워져서 흙으로 빚은 천상의 그릇들이 동네 어귀를 나뒹군다. 그렇게 흔해 빠진 것이라. 나 자신을 우리는 모른다. 천손으로 태어나서 예쁜 마음이 오천 년이 지난 지금 강력한 치료의 원동력과 결합하기 위해서는 예쁜 마음을 갖추어야 하는데 그 치료의 비밀은 전통 속에 계승되어 내려온다. 예쁜 마음은 남 돕기를 즐겨 하고, 순수하며 겸손함을 말한다.

백제, 定林寺址五層石塔, 소박, 단정, 고요의 멋

개성 찾기(심화 계획)

느낌따라 형태 만들기

자신의 느낌 따라 낙서하듯 그림을 시작하면 감정의 흐름에 의한 개성적인 형태가 만들어진다. 그 형태를 자기가 만들고 싶은 형태로 구체화시킨다. 그때 장식을 재미있게 해도 좋고 자유롭게 상상하여 특이한 모습으로 꾸며 보도록 하자.

느낌으로 출발하고 생각으로 형태를 만들어 간다.

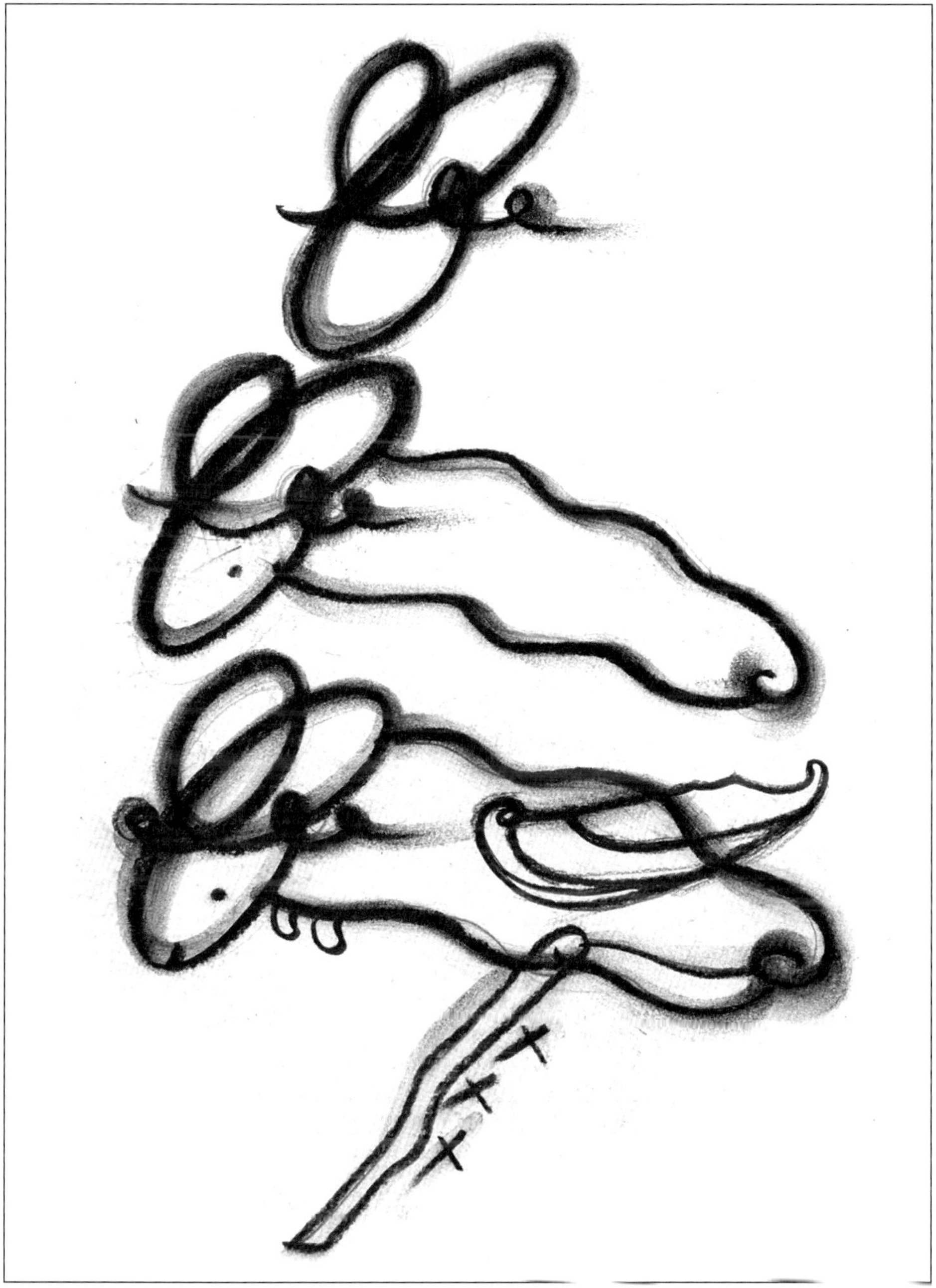

내 안에서 들리는 소리를 형태화할 때 나는 내 안에 있다.

영혼 속의 인물

가볍고 느린 호흡 속에서 마음을 몸 안에 가라앉히고 자신의 빛을 상상하여 느끼며 떠오르는 인물을 그려 보자.

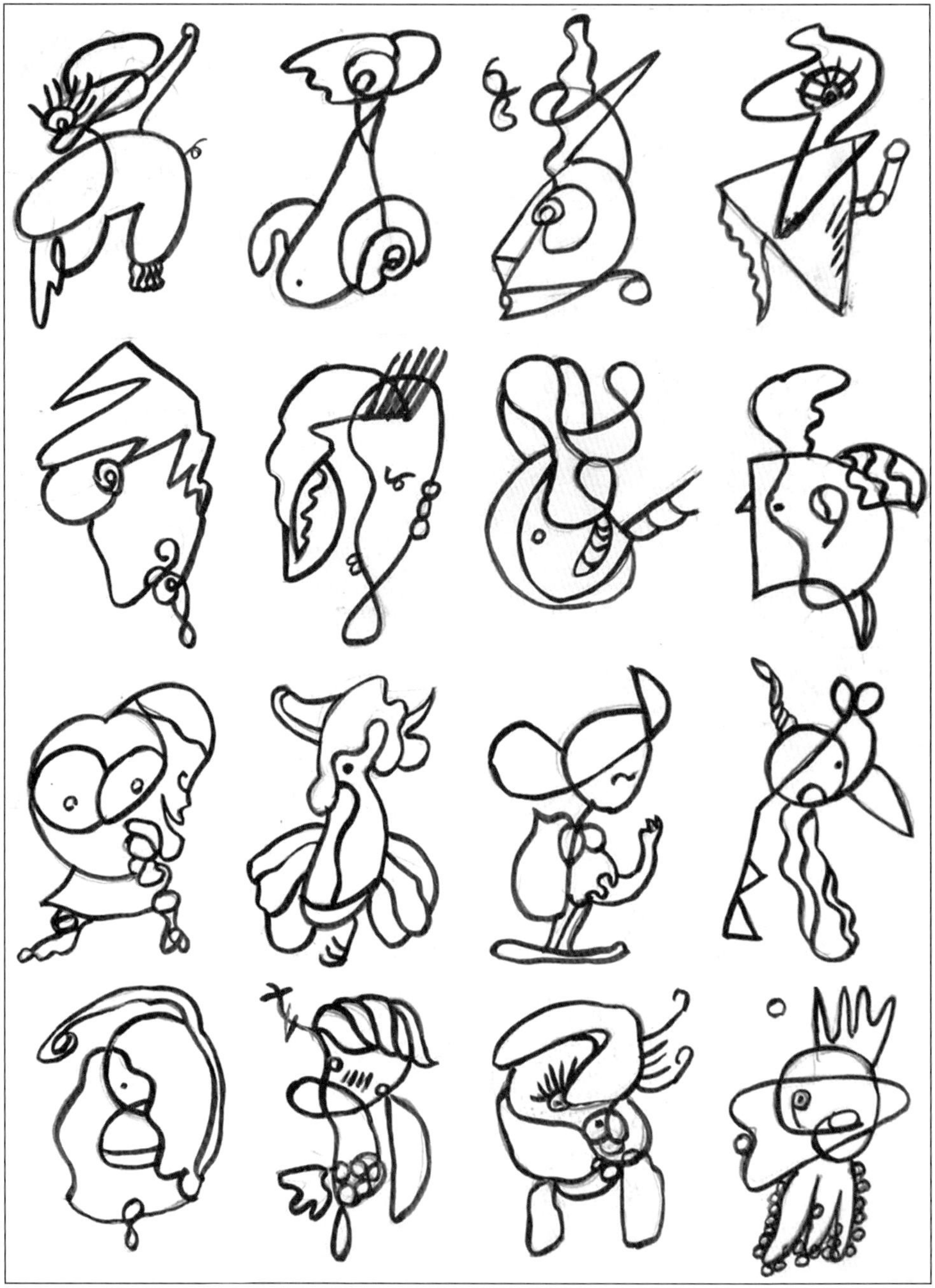

영혼은 자신을 하나로 통합시키는 가운데 드러난다. 마음이 하나로 모이고 흩어짐이 없으며 몸이 쾌적한 날 조용한 가운데 자신의 영혼을 형상화해 보자.

명화를 찾아서

모사(그림 보고 그리기)

자신이 가장 좋아하는 명화를 보고 그린다. 그 그림 속에서 나 자신을 발견해 보자.

김지혜, 미술치료사, 종이에 수채 · 크레파스, 33×45cm, 2011

다양하고 화려한 재능을 갖추고 있다. 이성에 대한 열정이 남다르지만 사업성도 뛰어난 편이기 때문에 예술, 자유를 사업과 묶어 현실에서 성공시켜 나가는 것이 바람직하겠다.

조소휘, 미술치료사, 종이에 수채 · 크레파스, 33×45cm, 2011

청순은 깊고 느리기에 스스로 자기 자신을 끊임없이 다독거려야 한다. 느릴수록 지혜롭기에 가장 빛날 수 있다.

채혜민, 미술치료사, 종이에 수채, 33×45cm, 2011
세상을 내 가슴 안에 품고 포용하는 것은 나의 웅장함이다. 거침없이 살아나갈 때 나의 예술성과 만나며 자연은 나와 함께한다.

김보미, 미술치료사, 종이에 수채, 33×45cm, 2011
순수가 살아 있으므로 세상을 헤쳐 나가기 버거울 것이다. 예술성을 찾아 자신을 그곳에 세우고 힘껏 살아 보아야 할 것이다.

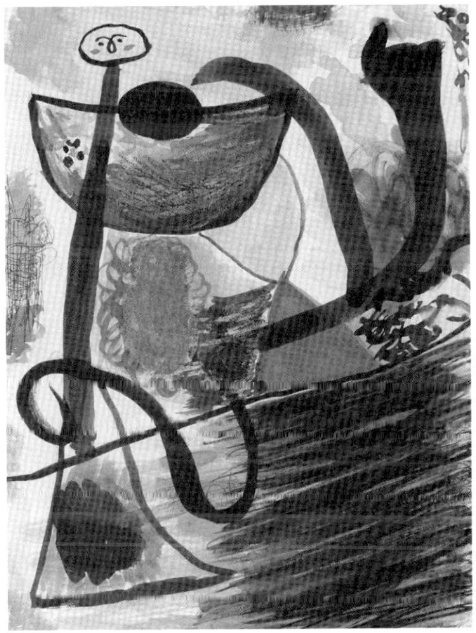

소윤화, 미술치료사, 종이에 수채 · 크레파스, 33×45cm, 2011
순박함은 사랑스러움이다. 촉촉한 감수성따라 순수와 천진난만은 보석과 같다. 세상에서 가장 소중한 것을 스스로 발견해야 한다.

공간(空間)

평화와 텅 빔의 풍요 – 버리기

세상 밖의 풍경을 버리고 화가들은 자신의 내면 풍경에 귀 기울이기 시작했다. 자신의 내면은 밖의 우주처럼 끝없는 공간으로 펼쳐져 있다(내면=느낌, 감정, 정신, 영혼).

아래 그림의 작가는 하나(神)를 향하여 간다. 힘겨웠던 젊은 시절에도 그 하나를 놓지 않았으며 어린 학생들을 가르치면서도 그 하나를 위해 봉사했다. 절개를 지키듯 굳세게 삶을 살아가니 항상 영혼의 향기가 온몸에서 흘러 넘친다.

이정연, 만남, 장지 · 옻칠, 131×162cm, 2001

우주만큼이나 큰 공간이 내 안에 펼쳐진다. 색조는 따뜻하여 포근하며, 허공에 울려 퍼지는 맑은 소리는 현재의 정돈되지 않은 거친 나의 모습을 부끄러워할 만큼 고요하고 맑다. 안정과 평화의 세계가 이곳의 커다란 집으로 형성되고 있음을 그림을 통해 알 수 있다.

추상-내면 그리기

공간은 살아 있다. 단순화된 형태는 말이 없지만 공간은 숨을 쉬며 살아 있다. 운동하며 변화 속에서 질서의 춤을 춘다. 우리의 마음은, 생명은 끝없이 흐르는 강물과 같다. 구태여 붙잡고 의지한들…… 몽땅 놓아 버림만 못하다.

형태와 삶은 사라진다. 텅 빔은 충만이고 부족함이 없는 곳이다. 비어 있는 곳만 공간으로 볼 것이 아니라 그림 전체가 편안하게 표현되었을 때 그림이 공간화된 것이다. 스스로 욕심을 버릴 때 그림에 평화는 찾아온다. 욕심은 붙잡는 것이다. 세상은 모진 풍파와 같다. 세상은 나의 감정과 생각, 욕망이다. 세상을 놓으면 나는 내면과 함께한다. 그곳을 공간이라 하고 평화가 있는 곳이다.

오태학, 豊魚祭, 종이 · 수간 · 채색, 84×84cm, 1975

공간 그리기

형태가 태어난 곳은 공간이다. 형태가 사라질 곳도 공간이다. 점으로, 선으로 인해 나타나는 공간을 바라보자. 공간은 살아 있다. 내 마음이 비어야 공간이 나타난다. 공간을 찾고 느껴야 한다.

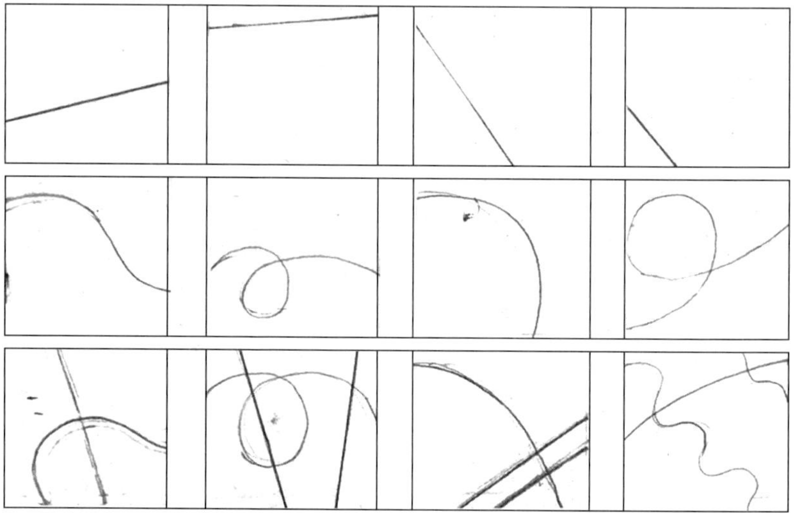

선으로

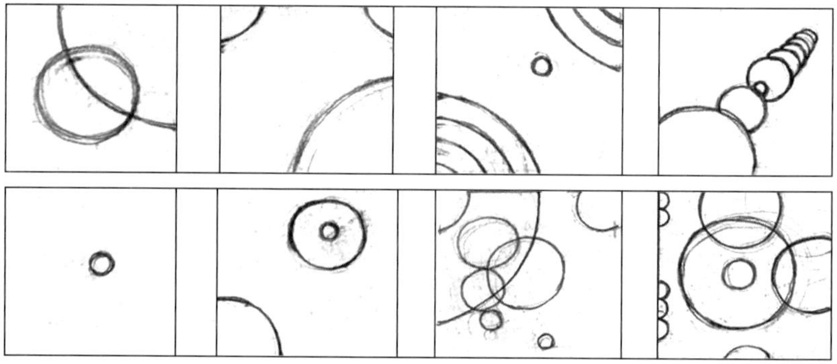

원으로

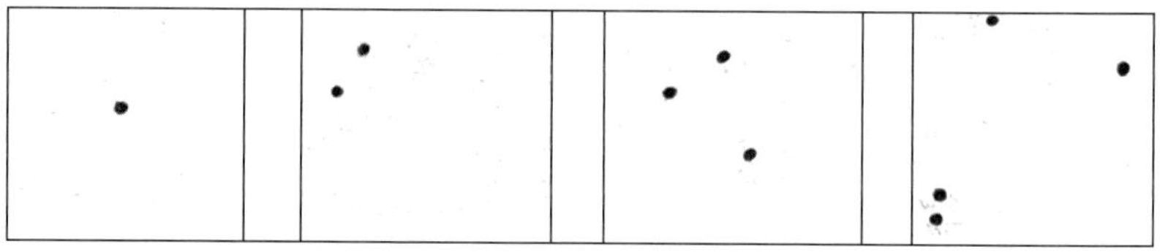

점으로

버리기

공간은 움직인다. 복잡한 형태들을 버리고 지워 나가면 공간은 더욱 살아서 움직이며 단순해진 형태는 명쾌하다. 공간은 면역력이다. 나를 비우면 나는 건강해진다.

버리며 공간 그리기

이미정, 미술치료사, 캔버스에 아크릴, 130×162cm
자기 자신이 빛임을 깨닫고 빛이 될 때까지 치료사는 기다림의 긴 여정의 시간을 가져야 한다.

균형

가장 바른 자리(위치 선정)란 가치관이다. 이 세상에서 가장 소중한 것을 알아보고 그 가치를 인정하는 것이다. 그래서 별로 소중하지 않은 것을 움켜잡지 않을 때 나는 바른 자리에 설 수 있으며 세상을 평등하게 바라보게 된다. 또한 바른 자리에서 내가 할 일을 알아 행동하므로 나로 인하여 세상이 평온하여지며 균형 잡힌 삶을 살 수가 있다. 균형은 흔들림 없는 중심이 서는 곳이다.

균형
구도(위치 선정) – 균형
비타민 치료 – 미래형
아트 닥터
복합치료

김선두, 남도(南道), 장지에 먹 · 분채, 1994

치료 그림 제작–균형을 중심으로

치료그림이란 내담자가 그림을 보거나 그 그림을 따라 그리게 함으로써 치료효과를 기대하는 치료방법이다. 치료그림은 전체적인 균형 속에 이루어져야 하며 증세에 맞춰 색과 형태가 변화와 동세를 갖추어야 한다. 제시된 기본형 그림들을 참고하여 치료그림을 그려 보자.

자신감이 없을 때–자신감 회복 그림

큰 원을 중심으로 부드러움 속에 힘찬 동세를 갖춘다.

산만할 때 조용하게 안정시키는 그림

흐르는 듯한 원형으로 잔잔한 동세를 갖춘다.

균형(중심축) – 화면에 하나의 중심축이 형성되어 그것을 중심으로 형상이 펼쳐진다. 펼쳐진 형상을 안정되게 잡고 있는 것은 한 점이다. 눈에 보이지 않으며 마음으로 보아야 나타난다. 그 한 점이 위 그림들에서 느껴지면 자신의 그림에서도 나타날 수 있도록 표현해 보자.

우울할 때 마음이 강해지는 그림

역동적인 직선 속에 원형을 조화시킨다.

화가 났을 때 화를 가라앉히는 그림

물이 흐르듯 고요한 리듬감이 퍼져나간다.

폭력성을 순화시키는 그림

공간 속에 균형을 잡아 준다(균형=평등, 평화).

편식하는 아이를 위한 그림

편안한 휴식 속에 전체와 조화되는 듯한 포괄성을 표현한다.

비타민치료(몸의 균형)

몸이 아픈 사람의 그림은 형태가 세균, 곰팡이의 이미지와 병적 느낌의 색이 표출된다. 마음치료뿐 아니라 몸을 치료하는 데도 그림은 활용될 수 있다.

몸이 아픈 그림 –

세균 이미지, 바이러스 이미지

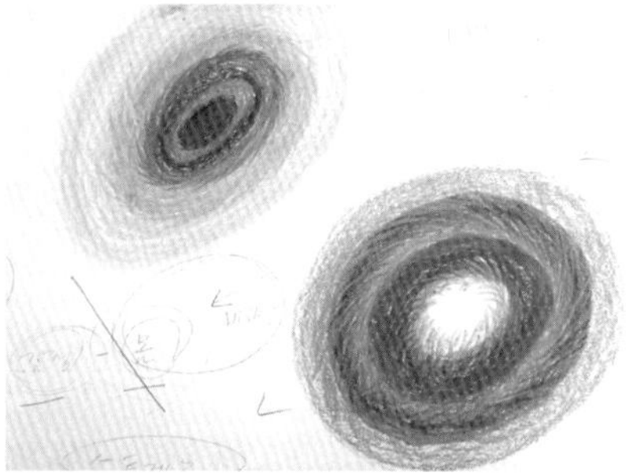

미래형 미술치료사-총체적 건강 관리사

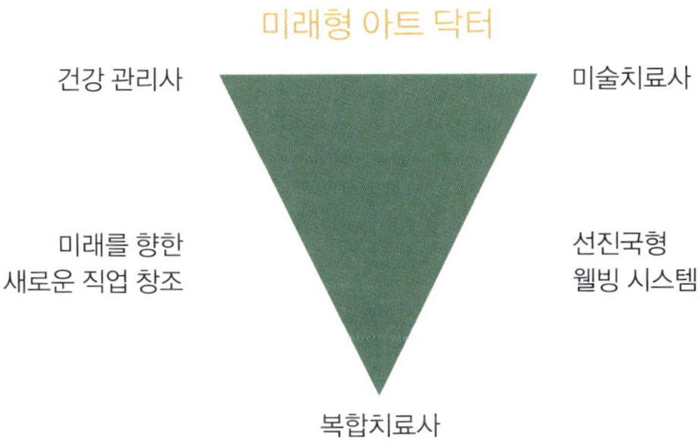

건강 관리사 ─┬ 마음 관리-미술치료사
　　　　　　└ 몸 관리-비타민치료사

복합치료사 — 건강 관리와 더불어 합성할 수 있는 직업군의 혼합

비타민치료의 전문성

표현이 솔직한 아이들 그림에서 아주 잘 나오는 것이 세균 이미지이다. 나무, 벌레, 사람을 그려도 징그러운 세균 이미지가 가득하게 그린다. 색은 탁하여 썩은 듯하다. 이런 아이들은 안색이 나쁘고 거칠며, 늘 불안해한다. 이때 비타민치료는 미술치료와 더불어 이동치료에 아주 유용하게 쓰일 수 있다.

비타민은 약사만큼이나 정확하게 전문성을 띠고 처방할 수 있도록 인체 영양에 대한 심도 있는 학습이 필요하다. 비타민은 전반적인 면역력 개선과 확대를 목적으로 천연비타민을 투여하는데 병의 예방과 건강 증진을 돕는다. 어떤 비타민이 체내

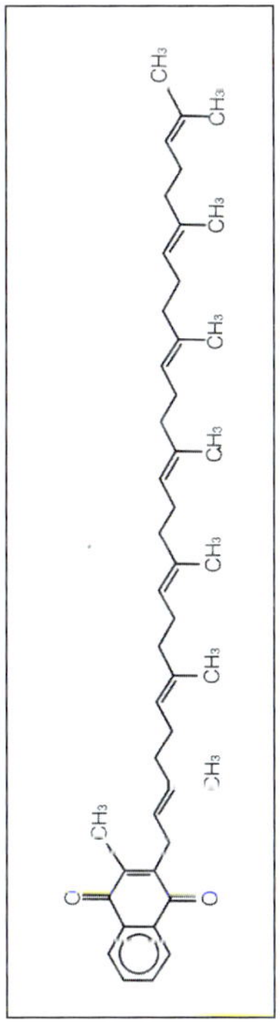

vitamin k_2(farnoquinone)

에 부족한지 알아야 하며 각 비타민의 효능을 파악해야 한다. 선진국은 이미 대중화되어 있다. 비타민을 무분별하게 사용하는 것보다 정확한 솔루션을 파악하고 미술치료와 접목한다면 미래형 건강 관리사로서 새로운 직업의 형태가 탄생할 것이다.

복합치료

서로 다른 영역이지만 효율성에 따라 엮었을 때 전혀 새로운 발상에 따른 역동적 환경을 조성할 수 있다.

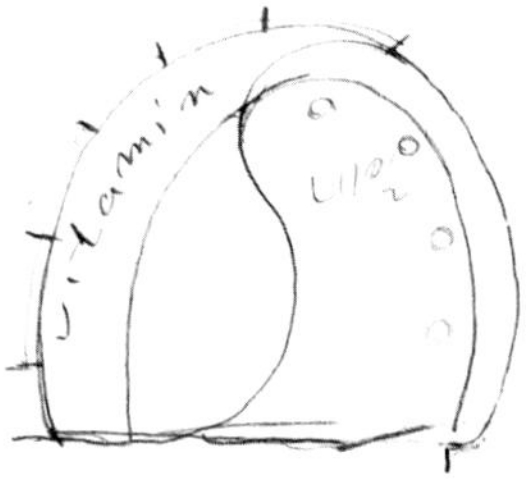

네일을 하고 미술치료에 따른 비타민 관리를 받는다.
압구정동에는 네일숍과 비타민숍이 따로 형성되어 있다. 건강과 미용은 함께 어우러질 수 있으므로 한 장소에 묶으면 새로우며 미술치료까지 접목한다면 전문성이 강해질 것이다.

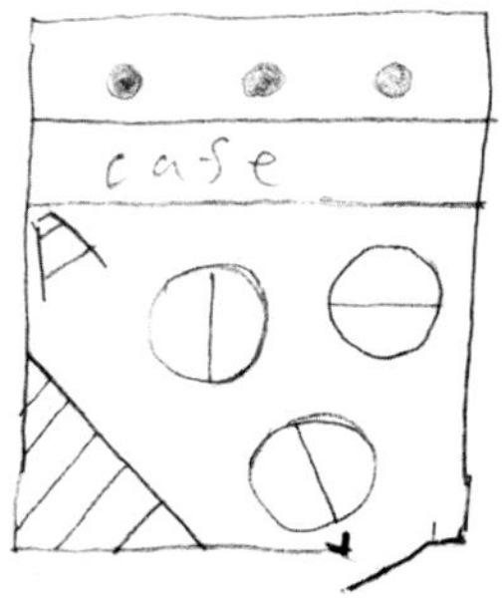

카페에서 차를 마시며 자유롭게 그림을 그린다.
치료그림을 제작하여 손님들이 커피를 마시며 치료그림을 보거나 그릴 수 있도록 시설을 갖춘다. 화가의 작업실처럼 꾸며진 카페에서 예술과 차를 즐긴다. 치료그림을 제작하여 판매할 수도 있다.

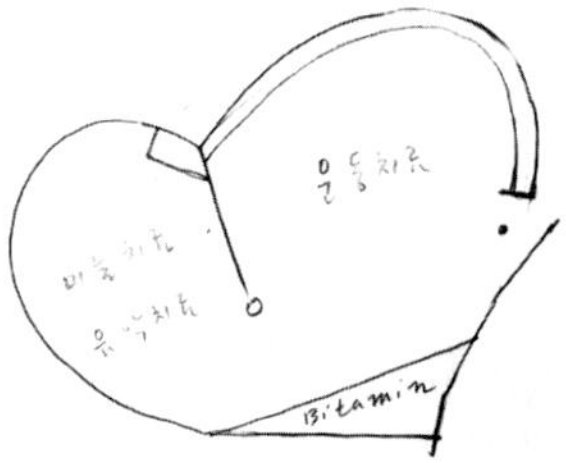

웰빙에 대한 전문성을 높게 제시하고 싶을 때 운동치료(요가, 스트레칭, 마사지)를 중심으로 구성한다. 웰빙의 중심 품목인 명상을 할 수 있는 장소가 된다. 보다 전문적인 실력을 갖추었을 때 실현할 수 있다.

Boragi 아줌마-세균 이야기

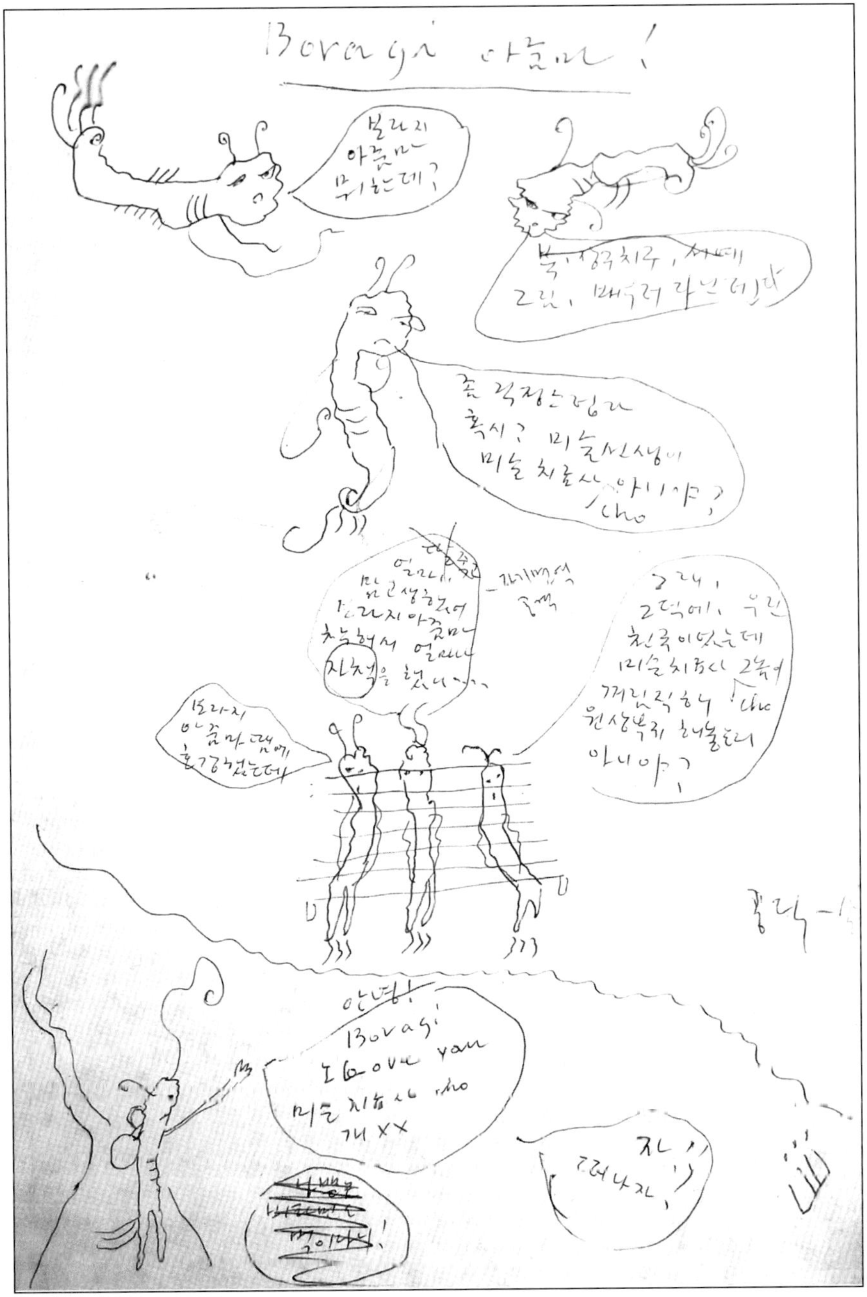

보라색을 좋아했던 보라지 아줌마-고등학생 딸이 대장암으로 죽은 후 죽은 그날이 올 때마다 몸져눕는다. 어느 날 뼈 마디마디가 굳어지며 쓰러졌는데 난치병인 자가면역파괴의 증세가 일어난 것이다. 딸이 자신 때문에 죽었다는 자책이었을 것이다. 이 부인은 미술치료 후 병이 호전되어 그림을 그리며 건강한 삶을 살고 있다. 얼마 전 미술공모전에서 큰 상을 받았다는 소식도 들었다.

기운생동(면역력) – 영성

Sun and Moon(음양)

치료란 묵은 세월을 털어내는 것이다. 내 안에는 내가 태어나기 전 상황이 있다. 나의 의식과 몸이 태어난 곳이다. 의식과 몸으로 그곳을 향하여 가다 보면 생동하여 늘 푸른 곳에 나의 존재가 드러난다.

순음비경

호수 아래 달이 출렁임
없는데 작은 아낙네
눈물 지음에
호수도 달도 운다

감정, 감각 → 이완 → 몰입 → 감동

(moon)　　　　　　　　　(sun)

예술가들은 이완과 몰입 속에서 감동을 향해 치닫는다. 그곳은 뜨거운 격정의 세계이기도 하고 너무 차갑고 고요하여 홀로 있기가 두려운 공간이다.

현재 의식 속에 있는 나의 마음은 달과 같다. 스스로 빛을 내기 어려운 상황이기 때문에 어둡고 약하다. 원자 그림에서 보는 것처럼 핵 주변의 중심으로 들어가 있는 것이 양성자다. 한방에서는 양기라고 한다. 선천적 기운은 모든 기운을 하나로 통합하여 다스리는 강력한 기운이다. 이것을 면역력이라 하며 어린 시절에는 왕성하나 나이가 들수록 떨어진다. 태양은 우리의 의식, 육체 내부 깊숙한 곳에 있다. 찾고 찾아서 들추어 내면 육체와 마음이 밝고 강해진다.

이종상, 기-독도 II, 순지화, 수묵, 89×8cm, 1982

기운생동 – 영성(전체적 치료)

살아 있을 수 있는 조건 속에서 가장 중요한 것은 기운생동이다. 삶이란 기운생동 가운데 존재한다. 기운생동은 영원함 속에서 울려 퍼지는 소리와 같다. 그것을 볼 때 우리는 종교와 만날 수 있으며, 나의 영성이 얼마나 회복됐는가의 여부는 기운생동과 참으로 하나가 되는 길이고 전체적 치료의 비밀이다. 기운생동은 가장 가까운 곳에 있으나 가장 멀리 있다. 그곳을 찾는 치료사의 길은 멀고 험하다. 꾸준히 찾아가면 어느 날 눈앞에 훤히 드러난다.

빛과 소리 그리기-명상치료

명상과 풍요

세상을 향해 흩어져 나아가는 나 자신을 하나로 돌이켜 나의 뿌리로 돌아올 때 그곳은 풍요로움이 넘쳐 나 자신은 항상 넉넉하다.

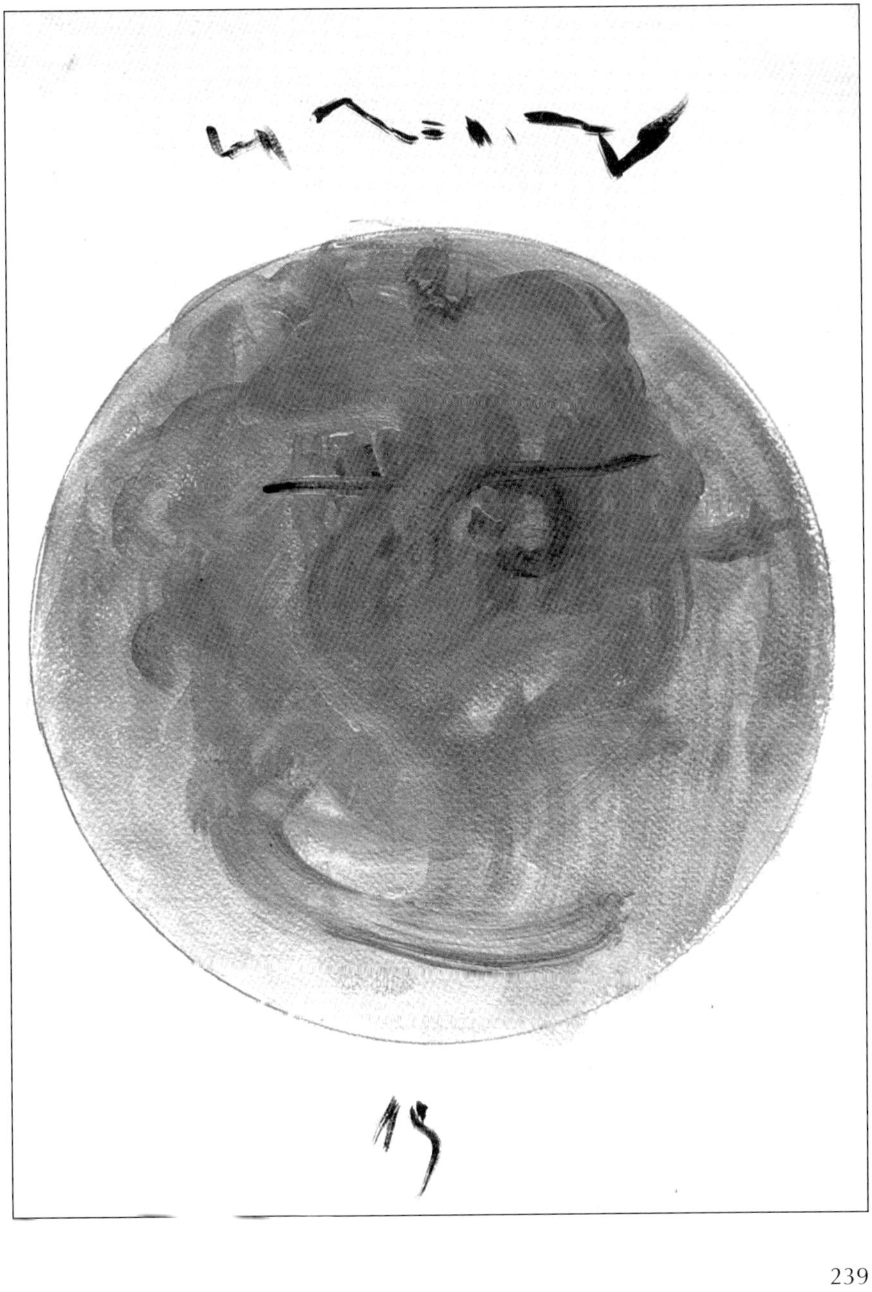

영싱-火

명상은 생각을 지나 맑은 감성 속에 스스로 빛나는 곳을 찾아가는 것이다. 쉬고 또 쉬면 몸과 마음은 회복된다.

영성-火

명상-청춘

호흡과 관조는 마음에 불을 지피고 뜨거운 정열의 청춘으로 나를 감싼다. 나는 지지 않는 청춘이다.

영성-火

끝없이 살아 움직이는
것이 나의 본질이다.

영성-火

명상 – 역동성

명상은 고요함 속의 강렬함이다. 진정한 나는 세상을 향하여 강렬하게 표현한다. 그때 삶 자체가 예술이 된다.

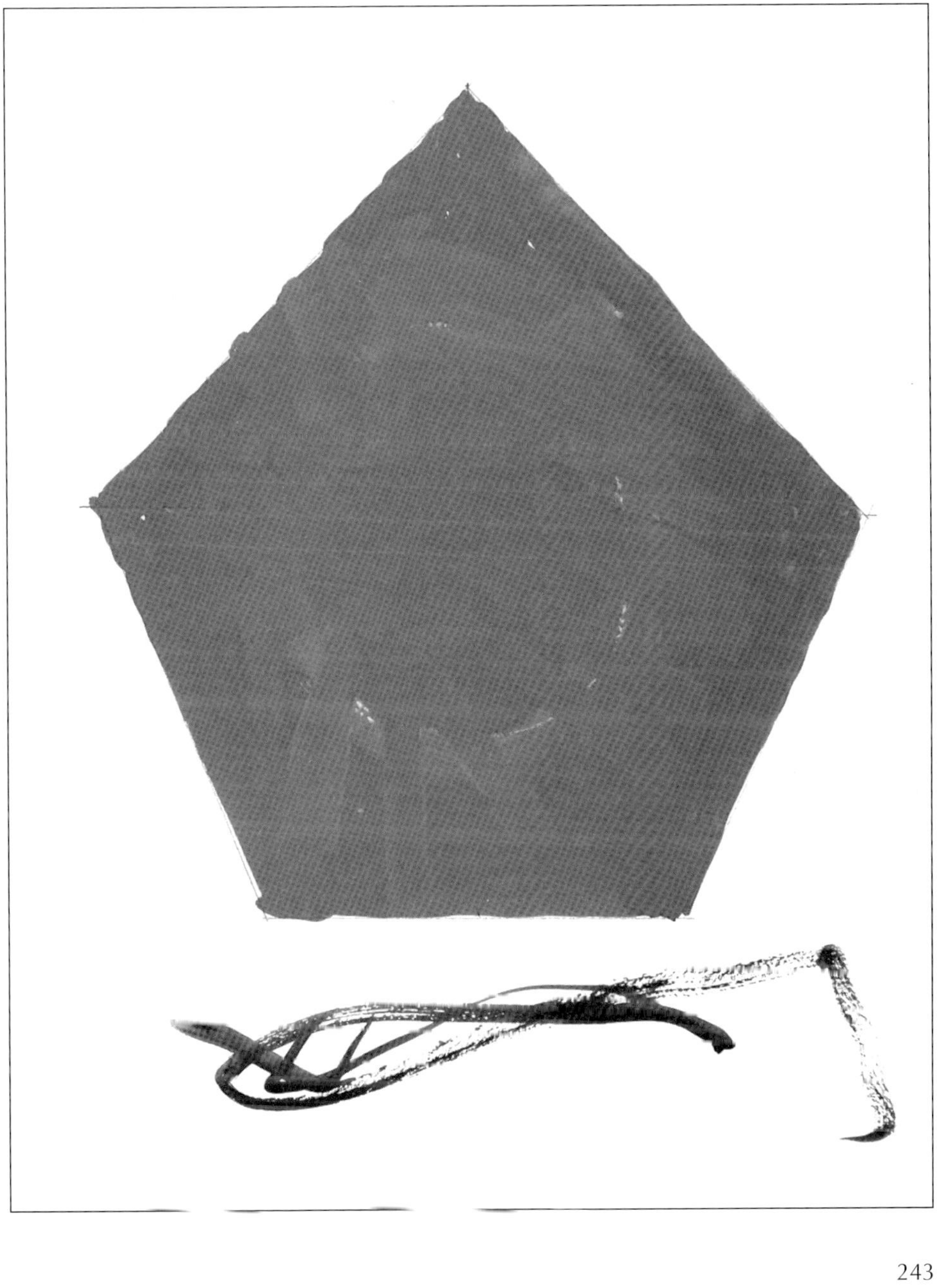

영성 – 火

세상에 구속되지 않으면
서도 세상을 더욱 뜨겁게
살아나간다. 세상과 나는
하나이기 때문이다.

영성-火

명상-안정

마음은 반석과 같고 기둥과 같아서 세상은 나를 흔들 수 없다. 두려움을 지나 참된 용기 속에 겸손을 배운다.

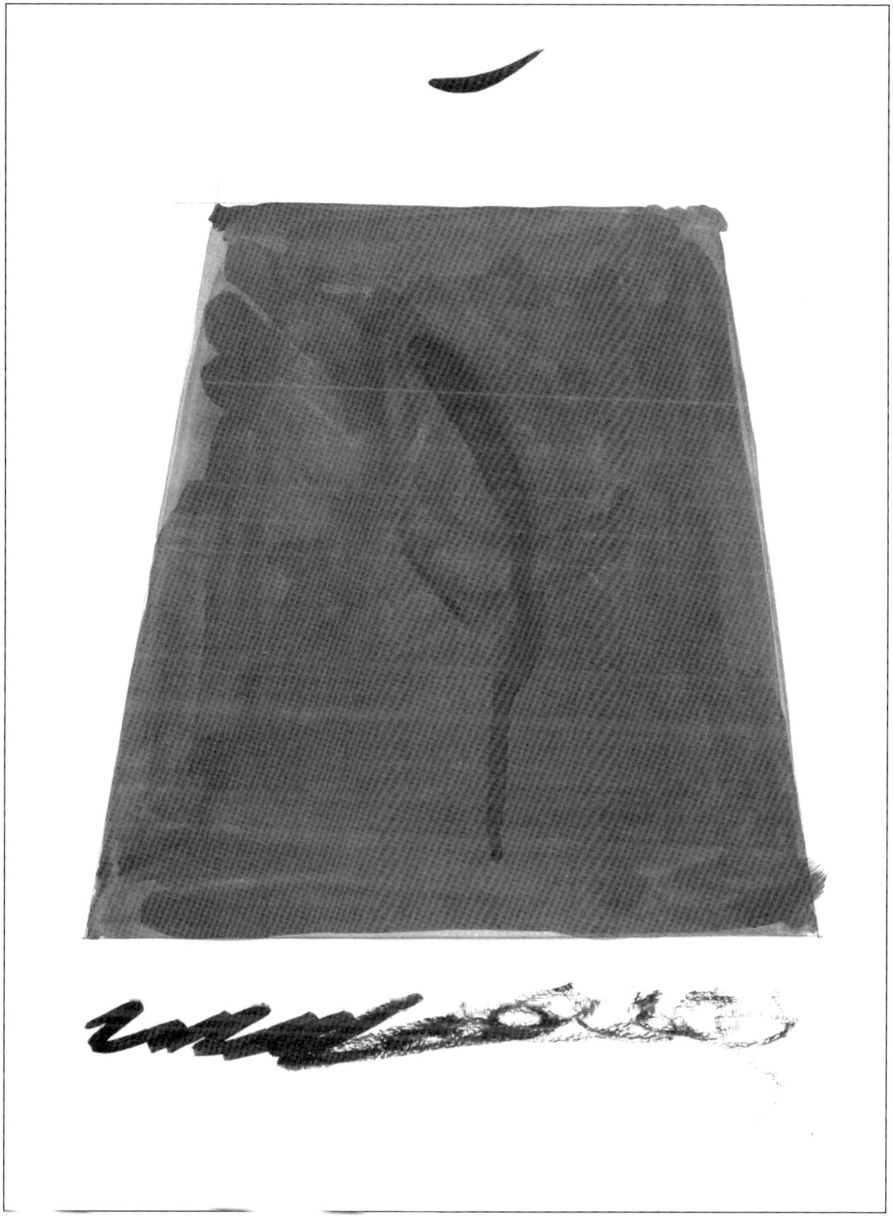

변신-火

두려움 없이 오로지 전진
뿐이다.

영성-火

영성의 빛으로 말미암아 생각은 자유롭고 감성은 맑고 깊어 감동적이며 욕망은 사자와 같아 세상을 꿈꾼다.

명상치료

명상 전과 후의 그림은 달라진다. 한결 단순하고 힘차며 형이상학적인 멋이 표현된다.

명상 전

명상 후

풍류 – 인체의 신비

선진국형(수출형) 건강 관리 개념 : 神 – 젊음 – 건강

神을 깨달은 민족은 그리 흔하지 않는 것 같다. 우리 한민족은 神을 깨달은 민족 중 하나인데, 우리는 그 깨달음을 현실에 젊음과 건강, 예술로 펼쳐낸 듯하다. 수많은 경전과 전쟁으로 골치 아프게 神을 표현한 민족도 있지만 우리는 신나고, 즐겁게 때로는 천박한 야생성으로 살맛 나게 神을 삶 속에 용해시켰다. 너무나 매력적이기에 세계는 열광할 날이 머지않아 보인다.

춤추는 여인의 나라 한국은 춤을 추며 神과 만났다. 알뜰하고 억척스러우며 정이 많아 가슴에 눈물이 많다. 얼굴과 마음만 고운 것이 아니라 흥겹게 춤을 출 땐 신명이 나서 매력이 터져나오며 구성지고, 청아한 소리에 神이 감동한다. 이 지상에서 가장 아름다운 여인의 나라가 한국이다. 한국은 순수의 나라다.

명상은 최종의, 최고의 심신 건강관리법이다. 미술치료의 핵심을 이곳에 두고 총체적 건강관리법을 연구하고 개발해 나가는 것이 현명하다. 그 비법은 조상에게 물어야 함이 옳다.

MADE IN KOREA

풍류

장성철, 기운생동(氣運生動),
캠퍼스 아크릴, 2000

김대순, 백만 번의 감사, 캔버스 아크릴, 530×455cm, 2011
심성이 해맑은 화가 김대순은 그림을 온통 기도의 글로 채운다. 세상에 늘 헌신할 준비가 된 한 마리 양이다. 우주에서 볼 때 이 화가는 가장 소중한 생명체로 보일 것이다.

치료의 순간들–영성을 찾아서

내담자가 그림을 그려서 내 마음을 밖으로 드러낼 때 치료가 시작된다. 그 그림을 치료사가 보아줄 때도 치료가 일어난다. 왜냐하면 치료사의 마음과 내담자 그림의 마음이 하나가 되기 때문이다. 내담자가 그림을 그리다 창문 밖을 멍하니 바라볼 때도 치료가 일어난다. 일어나 걸어서 차를 한잔 타 마실 때도 마찬가지이다. 크게 웃고 떠들어도 치료가 일어난다. 그림이란 종이에 그리는 것만이 아니다. 말하고 움직이는 것 모두가 그림이다.

영성이란 찾을 수가 없다. 지금 이 자체가 영성이기에 따로이 찾지 않을 때 나의 모든 것이 영성이다. 따라서 존재하는 삶 자체가 치료의 세계이므로 치료사는 진실된 삶을 산다. 그 속에 영성이 있다.

참고문헌

석도화론, 도올 김용옥, 통나무

풍류도와 한국의 종교사상, 柳東植, 연세대학교 출판부

분자교정요법, 박성호, 한국분자교정학회

20세기의 미술, 노버트 린튼, 예경